ひとつずつ、少しずつ変えていく

スッキリ
落ちついた暮らし
68のヒント

金子由紀子
kaneko yukiko

世界文化社

はじめに――ちょっと、ゆっくりしませんか

世の中がザワザワ、落ち着かない。

毎日飛び込んでくる、世界中からの悲惨なニュース。何を見ても貼りついている、にぎやかな色彩の広告たち。駅にもコンビニにも、ひっきりなしに音楽が流れている。ケータイメールには、大急ぎで返信しなきゃ……。


情報が、いっぱい。ものもいっぱい。わたしたちの小さな頭には、とうてい入り切らないくらい。

そんな暮らしをしているからでしょうか。何だか誰もが、イライラ、セカセカしている。一度にたくさんのことをこなそうと躍起になって、結局どれもできずに疲れている。そして、自分が本当は何をしたかったのか、自分らしい暮らしって何だったのか、わからなくなってしまっている。

もし、あなたが今、疲れているなら、それは「減速せよ」という、あなた

の内側から発せられた注意信号なのかもしれません。でも、いったいどうやって？

減速するためには、「短い時間にたくさん詰め込む」やり方を、いったん休憩するのがいいようです。

全部を「消化する」のではなく、じっくり「向き合う」。
何が何でも「早く」終わらせるのではなく、「ゆっくり」味わう。
人より「成功する」のではなく、自分なりに「幸せになる」。

ちょっとだけ、スローになることで、今まで見えていなかった景色が、見えてきます。いかに要領よく暮らすかではなく、もっと、暮らすことそのものを楽しめるようになります。イライラ、セカセカした気持ちが消えて、心がふっくら、ふんわりしてきます。

といっても、一度にあれもこれも変えるのは禁物。急ブレーキは危険です。暮らしを変えるなら、一度にひとつずつ、ゆっくりと。

たった「ひとつ」であっても、暮らしを変えることは、じつはけっこうタイヘンなことなのです。それは、自分を変えることとイコールだからです。変化は、人間に大きな負荷を強います。

でも、最初の「ひとつ」を確実に変えることのできた人は、10にも、20にも、100にも変えることのできる人です。「変えられる人」になるためには、まず最初の「ひとつ」が大切なのです。

本書では、「スッキリ落ち着いた暮らし」のための、68のヒントをご提案しました。どれも、すぐに実践できるくらいの、ハードル低めの設定です。ひとつでも、あなたの暮らしに取り入れていただければ幸いです。

そしてその「ひとつ」が成長し、いつかあなたの暮らしをさらに豊かなものに変えていくことを、願ってやみません。

２００９年夏

金子由紀子

CONTENTS

スッキリ落ちついた暮らし　68のヒント

第1章 最初の一歩を踏み出すヒント

第2章 心も身のまわりもスッキリするヒント

第3章

スッキリした状態を習慣にするヒント

第4章

少し、ていねいに暮らしてみる

第5章 自分らしく暮らしを楽しむヒント

第1章

最初の一歩を踏み出すヒント

1-01

心地いい暮らしがしたい！

SIMPLE LIFE

長引く不況やストレスフルな社会に、心が疲れている人が増えています。
そんな世の中で、ただひとつの心のよりどころとなるのが、自分の暮らしです。毎日の暮らしが心地よく温かなものであれば、厳しい状況にあってもホッとひと息つき、自分を回復することができるでしょう。
では、心地いい暮らしってどんなもの？

スッキリ片づいた部屋には、ほのかないい香りが漂い、お気に入りの音楽が低く流れる。旬の素材を使った手づくりの料理。
自家製の漬け物やジャムの入ったガラスびんがずらりと並び、
3時にはお菓子の焼けるにおい——。

おだやかで、静かで、リラックスできる。そんな暮らしをイメージするだけで、心がふっくらしてきますね。では、どうしたら、心地いい暮らしが実現するのでしょうか。

広い家に高価な家具、最新家電をそろえればいい？

センスのいいデザイナーに、素敵なインテリアをコーディネートしてもらえばいい？

——そういう問題ではありませんね。自分の暮らしは、自分でつくるもの。お金さえ払えば実現するというものではありません。

ちょっぴり時間はかかるかもしれませんが、知恵と工夫で暮らしをつくり上げていくこと自体が、自分を磨き、心を癒す過程でもあるのです。どこにもない自分の暮らしを、自分の力でつくり上げていくことが大切なのです。

まとめ
心地いい暮らしは、買うものではなくつくるもの。それが自分を磨き、心を癒す。

1-02

心地いい暮らしに踏み出せないのはなぜ？

SIMPLE LIFE

「とりあえず毎日掃除はしているのに、なぜか雑然と片づかない部屋。暮らしを変えたいと思っていても、何をしたらいいのかわからないし、結局、昨日と同じ毎日をズルズル引きずっているだけ。わたしって、ダメな人間なのかしら」

そんなふうに、自分を責めていませんか？

心地いい暮らしを夢見てはいるんだけど、どうにもヤル気が出ない、パワーが湧いてこない。でも、それはちっとも不思議じゃないですし、あなたのせいではありません。何しろ、今のわたしたちの社会は、とっても生きづらいものになってしまっているのですから。

まず、世の中の動きが速すぎる。

多くのサービスが24時間化し、プロセスが短縮化したため、さまざまなことが高速処理されるようになりました。それ自体はたいへん便利なことなのですが、逆にちょっと何かが遅れてもイライラすることが増え、心のゆとりがなくなってきています。

そして、社会が高度に複雑化・情報化していること。

多くのシステムがからまり合い、ブラックボックス化した社会では、ふつうの人であって

まとめ

（パワーが出ないのは、ストレスフルな社会のせい。自分ひとりで悩まないで！）

も、短時間に膨大な情報を処理していかなければなりません。そのためにわたしたちは、つねに不安と緊張を募らせています。多くの人が、いつも何かに追われているような、セカセカした気持ちを感じているのは、その緊張のためなのでしょう。

こんなストレスフルな世の中を、ただふつうに生きているだけでもたいへんなことです。でも、世の中のストレスに負けないようなパワーを、自分に与えてあげれば、きっとヤル気も出てきて、一歩、前に踏み出せることでしょう。

知識で家は片づかない

心地いい暮らしの基礎は、スッキリ片づいた住まい。

それを実現させるために、あなたは今までにも、たくさん努力してきたことでしょう。雑誌の「片づけ特集」が出るたびに買っては、記事をファイルしたり、テレビで「お部屋改造」がテーマの番組が放送されれば、予約して録画までしたり。

だから、片づけやインテリアに関する知識なら、あなたの頭のなかには、もう十分すぎるほど入っていますね？　でも、そのわりに今ひとつ成果が上がらないのは、どういうワケでしょう？

小学校の夏休みを思い出してみてください。宿題は「夏休みの友」と読書感想文、自由研究と工作……。早めに終わらせてしまえば、残りの休みをまるまる遊べます。

「○日　夏休みの友　○ページ〜○ページ　×日　読書感想文……」

なんていう詳細な予定表だって作成したのに、気がつけばいつも、8月の終わり！

学生時代の試験勉強も、卒業してからの資格取得の勉強も、

「こうすればいいとわかっているのに、どういうワケかそのとおりにできない」

という経験をもっている人は、多いのではないでしょうか。

頭ではわかりすぎるほどわかっていることも、実際に何か行動に移すとなると、知識や理性はさっぱり役に立たない。それは、わたしたちを動かしているのが知識（アタマ）ではなく、心だからです。

「知識」は役に立ちますが、それは、心のパワー＝「ヤル気」があってこそ。知識は、どんなにため込んでも、「ヤル気」には変換されないものなのです。

まとめ
（心地いい空間をつくるのに必要なのは、「知識」ではなく心のパワー＝「ヤル気」。）

1-04

SIMPLE LIFE

「ヤル気」の源は、美しいもの

部屋をスッキリ片づけ、心地いい空間をつくるための「ヤル気」は、どうしたら湧いてくるのでしょうか。

手足（からだ）を動かさなければ、片づけることはできません。そして、何かの目的のためにからだを動かすのは、頭ではなく「心」なのです。心のパワー＝「ヤル気」なのです。

心が動けば、必ずからだも動きます。人間の心を動かすものはただひとつ、「美しいもの」です。美しいものを見て感動することこそが、心を動かし、からだを動かす原動力となるのです。知識は、そのときはじめて、本当に役に立つでしょう。

心地いい空間をつくりたいなら、方法論を学ぶのではなく、美しい空間をたくさん見ることに努めましょう。そういった空間では、心地いい暮らしをつくるための、たくさんのアイデアを得ることができます。

旅先のホテルでは、落ち着ける寝室のつくり方や、バスルームの整え方が学べます。食事スペースの演出や、テーブルセッティングのスタイルは、ランチに入ったカフェやレストランから。

ガーデンレストランや花屋さんなら、ガーデニングや花の飾り方を。

ギフトを探しに入った雑貨屋さんのディスプレイには、上手な「飾り方」「見せ方」のヒントがたくさん潜《ひそ》んでいます。

ブティックでは、見やすく美しいクロゼットの収納のコツがわかります。

それらがどんな高級店であっても、使われている家具や小物が、今の自分にはなかなか手が届かないようなものであってもいいのです。美しいものをたくさん見ることは、心に貯金をしておくようなものです。

必ずしも同じものを買わなくても、

「こんな感じのものを使うと、心地いいんだ」

「こんなふうにそろえていけば、素敵なんだ」

という体験を感動とともにしておくことで、自分のなかに蓄積しておくことができますし、いつの日かそれを再現するときに、きっと役に立つはずだからです。

そのためにも、美しい空間をどんどん体験しておきましょう。

まとめ
心地いい空間をつくるには、美しい空間をたくさん体験しておくこと。

1-05

SIMPLE LIFE

身近なお手本を探す

心地いい空間をつくるためには、美しい空間の体験とともに、身近なところにお手本を求めることも役に立ちます。

その場合、インテリア雑誌に登場する、非の打ちどころのない美しい住まいというよりは、自分と同じような生活をしている、身近な人のお宅を参考にするのがベストです。

独身の方なら、会社の同僚や、友人の家を訪ねたときに、「いいな！」と思ったポイントをチェックしておくこと。家族がある人なら、ご近所のお宅や、子どもの同級生のお宅に遊びに行ったときが狙い目です。

インテリアスタイリストやデザイナーといった、いわばプロの部屋は、もともとの建築にしても、置いてある家具やファブリックにしても、レベルが高すぎることが多く、憧れの対象にはなっても、そのまま真似することはむずかしいものです。

それに対して、自分と同じような間取りの家に住み、自分と同じような生活レベルの人たちが実践していることであれば、

「これなら、わたしにでもできるかも……」

と、具体的にとらえることができます。

このとき大切なのが、「もの」だけに注目しないこと。

その人が、どのようにして居心地のいい部屋をキープしているのか、その考え方や方法について、観察したり質問したりしておきましょう。

重要なのは、むしろそこにある「もの」自体より、その「使い方」であることが多いからです。同じものを真似して買うだけでは、単にものを増やすだけの結果になりかねませんから、注意が必要です。

まとめ

身近な人の持っている「もの」そのものではなく、「使い方」を参考にしてみよう。

1-06 何から手をつけていいのかわからない!?

SIMPLE LIFE

スッキリした空間を目指してはいるものの、なかなか重い腰が上がらない理由のひとつに、「何から手をつけていいのかわからない」という、思考の混乱があげられます。

みんな、やるべきことをあまりにも多く抱えすぎているのです。

とくに、女性は男性に比べて、はるかに多くのやるべきこと＝ｔｏ ｄｏを抱えていることが少なくありません。

男性であれば、２日続けて同じ服を着ていたところで、それほど非難されることはない（気がつかれることすらない）でしょうが、女性が同じことをするのは、少々気が引けるもの。メイクやヘ

アケアなども同様のポイントですし、おつき合いにおいても、とかく女性らしいこまやかさが要求されるものです。同じ仕事をしていても、女性のほうがそのぶん、気をつかうポイントが多いといえます。

これが既婚女性や子どもをもつ女性であれば、一挙にそのｔｏ ｄｏは倍増します。まだまだ、家事や育児は女性が担っている部分が多く、結婚しても男性があまりライフスタイルを変えないですむのに比べて、女性は自分以外のことのために、多大な労力を費やさなければなりません。

・子どもの検診のため早退
・帰りに夕飯のための買い物をする
・姑の誕生日プレゼントを探す　↓　宅配便で送る
・Ｂ氏に先日のお礼状を書く　↓　切手を貼り郵送
・生協の注文用紙を出す

……。こんなふうに、雑多かつ細かい用件をこなさなければならない人には、確実なタイムマネジメントが必要になってきます。

まとめ
男性よりもやるべきことが多い女性には、タイムマネジメントが必須。

優先順位をつけよう

時間には、限りがあります。どんなに優秀な人でも、やらなければならないこと＝ｔｏ ｄｏをすべてやり遂げるには、たいへんな努力が必要です。

もし、今、目の前にたくさんの雑多なｔｏ ｄｏがあるなら、それを確実にこなすために大切なのは、「優先順位をつける」ことです。

まず、紙やパソコンのモニター上に、思いつく限りのｔｏ ｄｏを、思いついた順に書き出してください。このときは、まだ重要度や緊急度などを考慮しなくてけっこうです。

次に、それをグループ分けしていきます。色のついたシールなどを利用したり、カラーペンで下線を引いたりするとよいでしょう。

たとえば、仕事関係＝赤、家庭のこと＝青、自分自身のこと＝緑、その他＝紫といった具合に色分けします。もちろん、これ以外に自分に合った分類を用いてもいいでしょう。そうして色分けした項目を、今度はグループのまとまりごとに並べ替えていきます。

それぞれのグループに分かれた項目のうち、もっとも緊急度が高いものには下線を引いたり、太字で表示したりします。これは、絶対にやらなければならない項目です。

残りの項目には、重要度順に番号を振り、さらに並べ替えていきます。さほど重要でない項目には、番号を振らなくてけっこうです。こうして、自分のすべてのｔｏ ｄｏのディレクトリ（優先順位の位置づけ）が完成します。

このディレクトリは、あなたの頭のなかの地図のようなものです。これをつくってみると、頭がスッキリするので、ものごとにとりかかりやすくなります。

ただし、ディレクトリは、刻々と変化するので、面倒でも、ときどき（月に1回くらい）この作業をやっておきましょう。これさえしておけば、この優先順位にしたがって行動すればいいので、精神的にとてもラクになります。

まとめ

月1回、ｔｏ ｄｏの優先順位をつける作業をして、頭のなかの掃除をしよう！

やらなくていいことを見分ける

こうして割り出したｔｏ ｄｏの優先順位は、手帳に書き移してスケジュールを明らかにします。優先順位上位のものは、「今日」または「今週」に書き込み、あとは「今月」「半年」「今年」などのように期限をつけて書き込んでいきます。

そうして、なるべくならその期限のなかでクリアしていくのですが、期限までに消化できなかった分は、次の日・週・月・半年に「繰り越し」をします。帳簿のように転記していくのです。しばらくすると、いつまでたっても「繰り越し」を繰り返しているｔｏ ｄｏがあることに気づきます。これは、長年のあいだ、漠然と「やりたい」と憧れているものではありませんか？

「ピアノで○○が弾けるようになる」

「△△の資格を取る」

など、夢見ることはすばらしいのですが、当面そんな余裕がないことがわかったら、とりあえずｔｏ ｄｏ扱いするのはやめましょう。夢見ることをあきらめる必要はありませんが、今、できもしない憧れを自分に強制して、ほかのもっと優先すべき事項が入る場所を窮屈《きゅうくつ》にすることはないからです。

もうひとつ、繰り越しを繰り返しているうちに、ほかの人がやってくれたり、いつの間にかやる必要がなくなったりして、消えていくｔｏ　ｄｏも出てきます。これらは、最初からやる必要がなかったもの、ヤル気もなかったものである場合が少なくありません。

「消えていくｔｏ　ｄｏ」を、よく観察してみてください。それは、もしかしたら、自分でなくてもできることかもしれません。あなたがいつまでたってもやらないから、あるいはあなたがたいへんそうなのを見かねて、ほかの人がやってくれていたのだとしたら、最初からよく話し合って、ほかの人と分担したほうがよかったのかもしれません。

ｔｏ　ｄｏの欄がびっしり埋まっているほど、豊かな人生のように思えますが、実際は、そうとは限りません。それらの多くがみすみす繰り越しを繰り返すようなら、おそらくそのｔｏ　ｄｏには、「間引き」が必要なのです。

やるべきことは、できればあまり多くせず、少ないｔｏ　ｄｏを確実にやり遂げる。そして、つねに次のｔｏ　ｄｏを用意しておく。そうすれば、与えられた限られた時間を、自分なりに最大限に活用していくことができるでしょう。

まとめ　**ｔｏ　ｄｏ欄は、つねに整理して「間引き」をし、やるべきことを少なくしよう！**

「縁側の植木屋さんタイム」をもってみる

やるべきことの優先順位が決まると、片づけにもとりかかりやすくなります。片づけ以外のｔｏ ｄｏとの切り替えもしやすくなります。しかし、やみくもに片づけにとりかかる前に、もうひとつやっておきたいことがあります。

それは、「縁側の植木屋さんタイム」をもつこと。

たとえば、植木屋さんは、なかなか仕事にとりかかりません。まずは縁側で一服、タバコに火をつけながらゆっくりお茶をすすります。この時間が、けっこう長い。

だからといって、彼はサボっているのではありません。植木屋さんの仕事は、じつはこの縁側にいる時間で大半が決まるのです。

園芸の仕事の相手は、植物です。日々生長し、形を変えていく生き物です。その植物を、植えたり、移動したり、剪定することで庭をつくり上げる植木屋さんが見ているのは、今現在目の前にある庭ではなく、これから植え、移動し、剪定した植物が育った「未来の庭」。お茶をすすりながら、彼は縁側から未来を見ているのです。

片づけも、これと同じ。

手をつける前に、部屋をよーく見渡して、静かに考えてみましょう。間取り図やメモを利用してもいいでしょう。

自分は、この部屋で何がしたいのか？

そのために、この部屋をどんな空間にしたいのか？

そんな空間にするために、この部屋に本当に必要なものは何で、いらないものは何か？

それがわかると、部屋の抱えている問題が何で、どうしてそうなっているのかが見えてきますし、何をどう変え、どこに何を置けばいいのかも、自然にわかってくるものです。

まとめ

片づけに手をつける前に、まずじっくり考える時間をもとう！

1-10

できる自分を、自分に見せてあげよう

SIMPLE LIFE

「わたしって、片づけられない人かも……」と思っていませんか?

子どもの頃から片づけが苦手で、大人になった今も、いっこうに片づけが上手にならない人のなかには、自分のことをそう評価している人が少なくありません。

たしかに、ＡＤＨＤ(注意欠陥・多動性障害)と呼ばれる、ものごとを順序立てて考えたり、片づけが苦手という症状をもつ人はいますが、それは、「片づけられない人」のうちのごくごく一部にすぎません。ほとんどの人は、何らかの手順を踏めば、ちゃんと片づけができるのです。

わたし自身、もともと片づけは得意ではありませんでした。しかし、たまにヤル気を出して片づけはじめれば、それなりに片づくことは知っていました。だから、「何とか、散らかるのを遅くして、片づけるのを速くしたいものだ」と思い続けて、試行錯誤し、今ではだいぶ困らなくなったと思っています。

「片づけられない」のは、「あなたの性格のせい」ではなく、P.16の「心地いい暮らしに踏み出せないのはなぜ?」のように、単に「そういう状態」なのです。

「状態」であるならば、環境なり、条件が変われば、必ず変わります。

今、日々の仕事と暮らしに疲れ果てて動き出せないでいるなら、その負荷を軽くすることで、片づけられるようになるかもしれません。ひとりで重荷を背負っている負担感が原因なら、周囲の協力を得ることで、片づけられるようになるかもしれません。

自分を責めず、自分がどんな状態にあるかを客観的に把握して、その状況を変えることです。ひとつでも何かが変わり、できる自分を自分に見せてあげることができれば、きっと自分のなかで何かが変わるはずです。

まとめ

（できる自分を発見すれば、きっと自信が湧いてくる。）

1-11 ひとつの行動から変えていこう

SIMPLE LIFE

もし、あなたが片づけが嫌いで苦手なら、いっぺんに上手になろうなんて思わないことです。最初は、たったひとつの小さなことでいいのです。最初は何かひとつだけ、変えてみましょう。

自分を変えようとする人がしばしば挫折するのは、一度にあれもこれも、いろいろなことを変えようとするからなのです。

人は、そんなに急には変われないもの。昨日までのライフスタイルをガラリと変えようとして1日2日は続いても、長くは続けられません。「変えること」の負荷は、思うほど軽くはないのです。

でも、一度にひとつだけなら変えられる。たったひとつでも、ゼロから1になっただけでももうけものです。そして、ひとつできるようになると、不思議なことですが、2つ、3つとできることが増えていくのです。

ジェット機だってクルマだって、もっとも燃料を消費するのは、エンジンを始動するときです。それが最初のひとつ。ひとつできるようになれば、その勢いで、連鎖反応が起きるのです。1、できれば10、できるようになり、うまくいけば100、できるかもしれません。だからこそ、今、目の前のひとつを確実にやり遂げることが大切なのです。

そして、それを必ず定着させること。後戻りしなくなったら、また次のひとつにとりかかるのです。それが、できることを着実に増やしていくプロセスです。

ただ、長年、挫折を繰り返してきた人、自分を変えられないでいる人にとっては、最初のひとつを変えることが困難に思えるかもしれません。これは、ダイエットに対する思い込みにも似ています。長年ダイエットに失敗してきた人のなかには、

「こんなに長いあいだやせられなかったわたしの脂肪は、きっと人より頑固なのよ。太っていた期間と同じくらい時間をかけなければやせられないんだわ」

などという人がいます。もちろん、そんなことはありません。誰のどんな体脂肪も、燃焼するために必要なカロリーは同じです。

人はいつでも、自分を変えられます。性格を変えることはできなくても、行動をひとつ変えることは、今すぐにできる。それを定着させて、変えることができる行動を増やしていけば、それは外から見れば、性格が変わったのと同じことなのです。

まとめ **（ひとつできるようになると10、できるようになり、うまくいけば１００、できるようになる。）**

1-12

SIMPLE LIFE

「自分を責めない」と「自分を甘やかす」を区別する

「どうしてわたしってダメなんだろう」。

人はしばしば、そういっては自分を責めます。何かを変えようとしているのに、どこかでつまずいてしまったり、気力が出なくなってしまったりすれば、自己嫌悪に陥るのはムリもありません。

そんなとき、いたずらに自分を責めることは、大して役には立たないものです。ますます落ち込んでしまい、ときにヤケになり、それ以上の努力を中止してしまうことさえあります。ですから、自分を責めてはダメ。それよりも、どこをどう変えればよりうまくいくか、具体的に考えるほうがずっと大事です。

しかし、気をつけたいのは、「自分を責めない」ことは「自分を甘やかす」こととは違うということです。人が挫折を繰り返す大きな理由のひとつは、そこにあるのかもしれません。

「仕方ないわよ、できないものはできないんだから」

「今日ぐらい、かまわないわよね」

こんな気持ちでいたら、変えられるものも変えられません。自分を甘やかすことは、自分を責めることと同じくらい、害となることを覚えておきましょう。

ときには挫折することもあって、それは避けられないことかもしれませんが、その都度、「どうしてこうなったんだろう？　今度はこうしてみよう」と、冷静に分析し、次善の策を考えることが大切なのです。

優秀なアスリートには、優秀なコーチがいて、つねに適切な練習メニューを与え、励まし、アドバイスしてくれます。優れたコーチは決して、選手を責めたり甘やかしたりしません。でも、わたしたちにはコーチはいません。誰も自分をコーチしてくれる人がいない以上、自分で自分を鍛え、励ましてやらなければならないのです。

まとめ　（自分を客観的に見て、励ましアドバイスするコーチになろう。）

第2章

心も身のまわりもスッキリするヒント

2-01

散らかる理由を考えてみる

「散らかった部屋が好き、汚いほうが落ち着く」という人はいませんね。誰だって、スッキリ片づいた部屋のほうが、居心地いいと感じるはずです。でも、部屋ってどうして、こうすぐに散らかるんでしょう!

散らかそうと思って散らかしている人はいません。頑張って片づけて、一度はスッキリしたはずなのに、部屋の状態は片づけたそばからみるみる崩れていく。そんなに散らかるようなこと、していないつもりなのに、これはなぜなんでしょう?

もちろん、部屋がひとりでに散らかるはずはありません。自分では散らかしてなんかいないつもりでも、散らかるのにはやっぱり、ちゃんと理由があるのです。もし、部屋の隅にビデオカメラを据え置きして長時間撮影すれば、自分のどんな行動が、部屋を散らかしているかがわかることでしょう。

たとえば、帰宅したとき、玄関に脱いだ靴をそろえない癖。持ち帰った荷物やバッグをリビングの床にドサッと置く癖。上着を、ダイニングチェアにバサッとかける癖。ポストから持ってきた郵便物を、仕分けもせずに食卓に投げ出す癖。取り込んだ洗濯物を、ソファの上に積み上げる癖。

「ついついその辺に突っ込んでしまう」のは、いつも何かしら忙しく、ゆとりがないから。そもそも、置く場所がきちんと決まっていないことも少なくありません。そのため、ふだんのこんな何でもない行動がひとつひとつ積み上がって、「片づかない、雑然とした部屋」をつくり上げてしまうのです。

しかし、それはあなただけのことではありません。部屋は、そこに人が生きていて、暮らしがある限り、散らかり続けるもの。でも、散らかり方を軽くすることもまた、可能なのです。それを、できるだけラクに片づける方法として身につけてしまいましょう。

まとめ
（暮らしている限り部屋は散らかるもの。でも、散らかり方を軽くすることはできる。）

「片づける」を簡単に、単純に考えよう

それでは、「片づける」って、どういうことでしょう?

非常にシンプルないい方をすれば、「目の前にあるものを、ひとつずつ消去していくこと」だとわたしは思います。

しかしそれも、あまりに散らかり方がひどいと、どこから手をつけたらいいかがわからず、呆然としてしまうことがあります。そんなときはあまり考えず、なるべく機械的に行動することです。次の手順を参考にしてみてください。

1　散らかっているものを、「布」「紙」「その

他」に分け、大きな山にする（分類しながらも、随時捨てること）。散らかっているものの大半は、「布」（服やタオルなど）と「紙」（本、チラシ、DMなど）です。

2　それぞれの山を処理する（捨てる、洗う、しまうなど）。大きなものから手をつける。それぞれの山に分類してあると、処分がしやすくなります。また、最初に大きなものを処理すると、一挙に大きな面積が空いて、視界がスッキリします。

3　収納に入り切らないものは、なるべく収納場所を増やすのではなく、もののほうを処分する。「入り切らないから」といって収納場所を増やすのは、本末転倒です。

片づけと掃除はしばしば同時に語られ、混同されがちですが、この2つはまったく違うものです。捨てるか、とっておくか、どこに戻すか、さまざまな判断をしながら進めなくてはいけない片づけには複雑な「情報処理」の側面がありますが、「掃除」というのは「汚れを取り除く」というのがただひとつの目的です。そして、片づけができていないと、掃除はできません。まず、1、2、3の手順のように分けて、簡単に、単純に片づけることからはじめましょう。

まとめ　**どこから手をつけていいかわからなかったら、「分ける」↓「大きなものから片づける」。**

2-03

SIMPLE LIFE

間取り図で傾向と対策を考える

ただ漫然と片づけているだけでは、片づいてもまたすぐに散らかることの繰り返しです。どうせ片づけるなら、今後の傾向と対策を考えながら片づけなければもったいないというものです。

そこで、自分の家の「間取り図」を1枚、用意します。

自分で簡単に書いてもいいですし、家探しや購入のとき、不動産業者や売主にもらった間取り図を利用してもいいでしょう。これを原本として、コピーをとって使います。このコピーは、模様替えや大掃除、家具の購入、リフォームを計画するときにも役立つので、とても便利です。いつも片づけをしていて気づいたことを、このコピーに書き込んでいきます。

- いつも、ものが積み上がってしまう〝吹きだまり〟のポイントはどこか。
- 掃除のしづらい箇所はどこか。
- 収納スペースで、窮屈《きゅうくつ》になっているところはどこか。

こういったことや、そのほかにも気づいたことを、どんどん書き込んでいきましょう。

すると、書き込むだけで、もう解決法が見えてくることが、たくさんあるのです。

「ここに紙類の〝吹きだまり〟ができるのは、すぐ分類・収納するファイルがないからだ」

「ここが掃除しづらいのは、収納扉の前に、いつもダンボールが置いてあるからだ」

「この収納スペースが窮屈なのは、前の引越しから開けていない荷物があるからだ」

などなど……。

ぜひ、この「書き込み間取り図」と向き合って、自分の家の片づけの傾向と対策を考えてください。きっと、どんなコンサルタントよりも、問題点や解決法を教えてくれるはずです。

まとめ

（間取り図に書き込むことで、自分の家の片づけの傾向と対策がよくわかる。）

捨てながら収納するシステムをつくろう

格別「捨てられない性格」で悩んでいなくても、暮らしていればいつの間にか、不要なものはどうしても出てくるもの。

不要なのだからすぐに捨てればいい、というのは正論ですが、それができれば誰も苦労はしないのです。問題は、捨てたいのになぜか捨てられない、という点にあるからです。

実際、「捨てる」ことは、口でいうほど簡単ではありません。ひとつには、日本のゴミの収集方法のハードルがとても高いためだと思われます。

「燃えるゴミは月・水・金の、早朝〜午前8時まで」

のように、細かく分類されているうえに捨てる曜日も時間も場所も決まっていて、平日はわずか数時間しかありません。燃えないゴミ、資源ゴミ、粗大ゴミにいたっては、さらに出せるチャンスは限られ、ほとんどゴミ出しのために待機していなければならないほどです。

不用品は、捨てる以外にも、あげる、寄付する、売るなどの手段がありますが、いずれもそれがいつ可能になるかは不確定です。不用品を使うものと一緒にしておいたら、いざそのときが訪れても、てきぱきと準備ができるかどうか……。

そこで、これらの不用品を見つけたら処分するまでのあいだ、保管しておくための収納を別につくっておくとよいでしょう。そうすれば間違って不用品を必要なもののなかに紛れさせてしまうことがなく、そのときがきたらさっさと家から出すことができます。不用品のためのスペースを、収納の一角にあらかじめ組み込んでおくのです。

たとえば、わが家では「あげる」「寄付」「処分」などと書いたラベルを貼った箱が、クロゼットのなかに入っています。子ども服などが小さくなったと判断したとき、もらい手が思い浮かぶ服は「あげる」に、十分きれいだけど、もらい手がない服は「寄付」に、汚れたり傷んだりしてもう着られないものは「処分」に振り分けておきます。こうすると、あげる相手が遊びにきたり、寄付できるだけの数がたまったり、ゴミの日がきたとき、サッとまとめて捨てることができます。

本の場合も、「あげる」「寄付」「売る」という箱が本棚の脇に置いてあり、本が増えたら随時この箱に振り分けていくことにしています。

収納するときにすでにものが出ていくためのパッケージをつくっておくことで、家のなかにものはたまらず、気持ちよく循環していってくれます。

まとめ

（最初から収納に捨てることまで組み込んでおけば、ものはたまらずに循環していく。）

ここだけおさえれば毎日快適①玄関

「玄関は、その家の顔」

などといい、それはそれで正論なのですが、何だかちょっぴり「脅《おど》し」めいていませんか？

そのため、みんなついついかまえてしまうのか、

「立派なものを飾っておかなければ」

と、豪華な玄関マットや造花などを飾り、ブランドもののスリッパを並べておくお宅が多いようです。

片づけ上手、掃除好きの人であれば、それもけっこうなのですが、そうでない人がいろいろなものを玄関に置くと、かえって苦労することになります。玄関という場所は、毎日何度も出入りするわりに、通過するときはいつも急いでいるので、意外にきちんとしておくことがむずかしいからです。

せっかくの玄関マットも、掃除機をかけるのには邪魔になるし、バタバタ出入りしていると、スリッパをきちんとラックにしまえないこともあるかもしれません。

そうこうするうちに、いつの間にか脱いだまま下駄箱にしまわれない靴が何足も並び、外

から持ち込まれた砂や土がその上をコーティングし、どうかすると帰宅するなりドンと置いた荷物が置きっぱなしになっていたりします。そんな玄関では、いざ人にきてもらおうというとき、やっぱり引け目を感じてしまうでしょう。

玄関をいつもスッキリさせておくためには、なるべくものを置かないようにしてみてはどうでしょうか。玄関マットやスリッパは、それがどうしても必要でなければ、置かない。そうすれば、掃除機もかけやすくなりますし、スリッパラックも不要になります。

そして、なるべくなら、玄関に靴を出しっぱなしにしないようにする。全部はムリでも、「ひとり1足まで」を守るなど、少しずつスッキリさせていくよう努めましょう。出しっぱなしを改めるのがむずかしくても、最低限、

「すべての靴をそろえておく」

ことを徹底すれば、見苦しい状態にはならずにすみます。

また、玄関の下駄箱のなかは扉さえ閉めておけばわからないので、どうしても乱雑になりやすいものです。しまったきりではかない靴や壊れて使わなくなった雨傘を処分することで、かなりスッキリするはず、そのぶん、出ている靴を収納するスペースができるでしょう。

まとめ

玄関にはなるべくものを置かない。下駄箱のなかの不用品もきちんと処分しよう。

2-06

SIMPLE LIFE

ここだけおさえれば毎日快適 ②リビングの床

スッキリさせたい家のなかで、最優先させたい箇所がここ、暮らしの中心であるリビングの床です。ほかのどこがどれだけ散らかっていても、最悪、リビングの床さえ見える状態になっていれば、どうにか居心地よく暮らすことができるものです。

部屋のなかに同じ数のものが散らかっているとき、それが床を含む部屋全体に分散しているのと、床以外の場所だけに散らかっているのとでは、見た目の乱雑さがまったく違います。床にものが落ちていないことで、問題の半分以上は解決できるといっていいでしょう。

靴を脱いで上がる日本の住宅では、床の上に直接座る生活スタイルの歴史が長く、とくに「たたみの上は清潔」という前提になっているため、イスに座る生活スタイルに変化してきた現在も、ついつい床の上に直接ものを置いてしまいがちです。

ものが少なかった時代と違い、ものがあふれた現在では、その問題が顕在化し、日本の家は、床の上から散らかりはじめることが多いようです。ちなみに、映画やドラマで「散らかった部屋」を表現するためには、まず床の上にものを散乱させるそうです。

床の上にものがなければ、掃除が格段にラクになります。掃除機をかける前に床の上のも

まとめ
（みんなが集まるリビングの床の上を死守しよう。床の上にはものを置かない！）

のをいちいちどかす手間がなければ、広い面積でもあっという間に掃除が終わりますし、さらにその拭き掃除も簡単です。逆に、床の上にものが置かれたあいだを縫って掃除機をかけても、すき間にたまったホコリが取り切れず、それが時間とともにまた拡散してしまいます。

床の上が散らからないようにするためには、「帰宅したとき持っていたものを、床に置かない」ことからはじめましょう。買ってきたものや届いていたものなど、大きなものはつい床の上にドサッと置き、それがそのままになってしまうケースが多いからです。バッグ類は、帰宅したときに置いたりかけたりする「バッグ置き場」を設けるといいでしょう。

2-07

ここだけおさえれば毎日快適 ③食卓の上

SIMPLE LIFE

床が片づいたら、次は食卓の上です。毎日必ず使うところですし、食卓は床の次に表面積があることが多いからです。

食卓の上にいつもものがたくさんのっていませんか？　食事のたびに、それらを隅に寄せて、積み上げたまま食事をしていませんか？　また、食事どきではないときに、食事に関係するものがのったままになっていませんか？

食卓の上に積み上がったものをなくし、つねにものがのっていない状態にすることで、広い面積がスッキリし、部屋の快適度は格段にアップします。

塩やしょうゆなどの調味料セットを食卓の上

に常備しているお宅もありますが、これらも食事がすむたびにキッチンに下げるようにすれば、食卓も調味料セットも清潔に保てます。

読みかけの新聞は、食卓の裏に幅広のゴムを2本、画びょうでしっかりとめる、イスの背に布でポケットをつくるなど、専用の「新聞ホルダー」を設けると便利です。テレビ、エアコンのリモコンも同様に収納できます。

鍵や携帯電話、財布などは食卓の上に投げ出さず、食卓以外に専用の場所をつくります。トレイやカゴなどに入れると決めておけば、散らかって見えず、出がけに探すこともありません。

食卓では、縫い物や仕事など、意外にさまざまな作業をすることが多いので、どうしても雑多なものが集まります。作業が継続していてすぐに元の場所に戻せないなら、大きめのカゴなどを用意して、作業が中断しているあいだはそこに道具を入れておくようにします（これだけは床に置いてもよいことにします）。

ただし、いくつものカゴを平行して置かないよう、なるべく元の場所に戻すことを心がけましょう。

まとめ　基本的に、食卓の上にはなるべくものを置かないようにする。

2-08

SIMPLE LIFE

ここだけおさえれば毎日快適④洗面所

洗面所は、使う時間が短いわりに、家のなかでいちばん汚れやすい場所です。洗濯機置き場、脱衣所も兼ねていたりすると、とくにその傾向は強くなります。

なぜなら、汚れの主原因であるホコリの成分は、ほとんどが衣類の「繊維」で、それは人が動くことで発生します。汚れた衣服が集まり、服の脱ぎ着をすることの多い洗面所は、多くのホコリが滞留する場所です。しかも水場でもあるため、そのホコリが湿気によって固定され、洗面所の床や洗面ボウル、カウンター付近は、非常に汚れが定着しやすいのです。

そして、洗剤類や化粧品、ブラシやドライヤーなど、細かく雑多なものが多いのもまた洗面所。使ったまま、カウンターの上に置きっぱなしになっているムースや化粧水のボトルをいちいちどかして拭き掃除をするのは面倒なものです。ついつい、後まわしに……。

こういったものを、乱雑に見えないように置いておくためには、バラバラと一面に並べておかないようにします。ブラシやクリーム、ヘアワックスなど背の低いものは小さめのトレイにまとめ、化粧品や整髪料などの背の高いボトルは、少し深めのカゴに入れておきます。

こうしておけば、カウンターの掃除は、トレイやカゴを持ち上げればサッと拭くことで完了し、いちいちどかす必要がありません。

また、すぐに水はねで汚れる蛇口や鏡をこまめに掃除するためには、洗面ボウルの近くにミニタオルを何枚か常備しておくとよいでしょう。金属やガラスなどが掃除してあると、全体が清潔に見えるものです。拭いたら、そのまま洗濯機のなかに。

洗剤や歯磨きの容器には、決まって派手なラベルや模様がついているのも、洗面所を雑然と見せる一因です。前述のカゴに入れて、容器が見えないように収納するほか、液体石けんのような詰め替えのできるものは、自分で選んだディスペンサーに移して使うようにすると、色彩が統一されて、落ち着いた空間に見えます。

まとめ
カゴやトレイを使い、ミニタオルを常備しておくことで、掃除のしやすい洗面所に。

2-09

SIMPLE LIFE

ここだけおさえれば毎日快適⑤台所

台所は、狭いわりに使う時間が長く、おそらく面積に比べてもっとも多くのものを抱え込む場所です。それは、家のなかでいちばん雑然としやすい場所だということを意味します。

ここを、できるだけ手間をかけずにスッキリさせておくコツは、

「なるべく、台所に置くアイテム数を減らすこと」。

鍋やボウル、ザル、食器など、持ちすぎていませんか？　同じようなサイズや材質のものをいくつも持っていると、いつもスッキリ保つことはむずかしくなります。似たようなもののダブりがないようにすれば、収納に頭を痛めることもありません。

また、今持っているもののなかで、月にいっぺんも使わないものや、それがなくてもほかのもので代用できるアイテムを思い切って処分すれば、管理の手間も省けます。ラップなどの消耗品も、ストックは持たず、今あるものが切れてから買うことにします。ものが少なくなると、俄然《がぜん》掃除がラクになります。

そして、しまわずに出しておくものの色や素材は、できるだけ統一したり、似たトーンのものを集めましょう。とくに、プラスチックのものを選ぶときは、白か半透明が無難です。

まとめ

台所のダブっているものを減らして、片づけやすく掃除しやすくしよう！

また、食品の包装も、色柄が派手で目立つものは、できるだけ隠すようにすること。そもそも、収納しきれないほどストックを持たないことが大切です。

出ているものの色や素材をある程度限定することで、雑然とした印象を消すことは十分可能です。東京・浅草にある「合羽橋商店街」は、プロ用の厨房用品の専門店街で、ここにはおびただしい数の台所用品が並びますが、プロ用の無骨でシンプルなデザインのものが多いため、不思議とゴチャゴチャした印象はなく、スッキリと清潔な感じです。一般家庭にも、ぜひ取り入れたい感覚です。

2-10

SIMPLE LIFE

「平面」を増やす

全般に、スッキリして見える部屋の第一の条件は、「いかに平面がたくさん見えるか」。

ここでいう平面とは、床、壁、天井のことで、これらの上に余計なものがなく、フラットな面であることは、部屋を広々と見せるための大切な要素です。

床をたくさん見せるには、もちろん、床の上にじかにものを置かないことがいちばんですが、さらに家具類の占める面積も、床面積の25パーセント以下にとどめるとよいといわれています。また、視覚的に床面を切り取ることになるラグよりも、敷くなら部屋一面に敷き詰めるカーペットにして、さらに淡い色の無地にすると、いっそう広く見えます。

壁に関しては、壁紙の色もやはり淡い色の無地がベストです。模様が入るにしても、薄い色の小さな柄や地模様のほうがベターです。絵やタペストリーなどは、小さなものをあちこちにちまちまと飾らず、一カ所に集中させてドーンと飾ったほうがよいようです。

また、壁の一部である窓には、通常カーテンをかけますが、このカーテンも壁の色になじむ薄い色を選び、腰高の窓の場合も、思い切って天井から床までのカーテンをつるすようにすれば、閉めたとき、壁一面がカーテンとなり、広々とした印象を与えます。

天井には、通常何かを設置したりすることはあまりありませんが、天井からつるすタイプの照明を使う場合は、これもなるべく目立たない、無色や白の小さめのものを選ぶとよいでしょう。天井にじかづけされているタイプなら、空間をさえぎることはありません。

そのほかに、部屋のなかの平面としては、テーブルや家具の上があります。これらの上にも、なるべくものを置かない、置くとしても細かいものをゴチャゴチャとじかに置かないよう気をつければ、平面はさらに増え、部屋をよりスッキリと見せてくれます。

まとめ

床、壁、天井の平面を生かし、色づかいにも配慮すれば、部屋は広く見える。

かける、つるす「壁面収納」

平面がたくさん見えているとスッキリして見えることはP.58でも述べましたが、頭ではわかっていてもどうしても床や食卓、イスの上などにものを出しっぱなしにしてしまうことがあります。

これは一見、収納が少ないために起こっているように思えますが、だからといって収納場所を増やしても、事態はあまり変わらないでしょう。なぜなら、

「見えるところに置いておきたい」

という無意識が、出しっぱなしにさせていることが多いからです。ついつい出しっぱなしにしてしまう人が、すぐにはその習慣を改められないなら、いっそその習慣の力を利用して、出しっぱなしでも見苦しくなく、すぐに探せる収納を採用してもいいのではないでしょうか。それが、「かける、つるす」を利用した壁面収納です。

部屋のなかで、なるべく目立たない壁の一面に、壁かけ用のフックをたくさん取りつけたり、ワイヤーネットを取りつけたりして、「かけるスペース」を設置します。ここに、今までついついその辺にじかに置いてしまっていたものを、小さな棚や小物入れをかけて収めた

り、袋などに入れてかけたりハンガーでつるしたりして収納します。

外から帰ってきたとき、ついついソファにドサッと置いてしまうバッグも、ここにかけるようにします。

イスの背についかけてしまう上着も、ここにハンガーでつるします。

たった一面の壁ですが、「かける、つるす」ことで、水平に散らかっていたものを垂直に収納することができ、しかもひと目で確認できる探しやすさが、「出しっぱなし」派にピッタリです。また、たくさんかけても、ポールハンガーのようにグラグラにはなりません。

壁面収納で気をつけたいのは、部屋に入ってすぐ目に入る壁を避けること、あまり重ねてかけすぎないように注意することです。

まとめ

出しっぱなしにしがちな人は、「かけて」「つるして」見やすく壁面収納してみよう。

2-12

SIMPLE LIFE

ノイズとなるものを減らす

「スッキリした部屋」とひと言にいいますが、それはどんな部屋でしょうか。

お寺の本堂や、体育館のように、一面床だらけで何も置いていなければ、それはさぞかしスッキリした部屋でしょうが、現実的ではありませんね。

人間の暮らしには、どうしたってある程度の家財道具が必要で、快適な生活を送ろうと思えば、その数は増えていく傾向にあります。

スッキリした部屋にするためには、ものはなければないほどいいのでしょうか？

たとえば、家具なんて、本当はなくたって暮らせます。

テレビもオーディオセットも、なくたって生きてはいけますし、本がなければ本棚もいらず、化粧をしなければ化粧台も必要ありません。

もっといえば、洗濯はコインランドリーで、食事は全部外食にしてしまえば、洗濯機も小物干しも、鍋も食器も冷蔵庫もいりません。

でもそれは、自分らしい楽しい暮らしでしょうか？

「スッキリした部屋」を求めるあまり、ものを減らし、その結果暮らしが我慢大会のようになってしまっては、本末転倒です。ものが少ないほど爽快なのは本当ですが、暮らしを自分らしく楽しいものにしてくれるのもまた、ものだからです。

暮らしに必要なある程度のものを持ちながら、スッキリ暮らす最大のコツは、「ものを減らすのではなく、暮らしのノイズ（雑音）を減らす」ことだと思うのです。

ノイズとは、この場合、

「自分の暮らしにふさわしくないもの」

のこと。

自分の好きではない色、自分の好きではないデザインや素材、自分の意思で選んだのではないロゴやキャラクター。深く考えずにものを買ったり、行きがかりでもらったりしていると、いつの間にかこういうものが部屋にあふれ出します。

「何だかこの部屋、スッキリしないなぁ。居心地が悪いなぁ」

と思ったら、それは、ものがたくさんあることよりも、ノイズとなるものがたくさんあることが問題なのかもしれません。それらをひとつひとつ撤去していくことから、スッキリした部屋が生まれるのです。

まとめ
自分らしい暮らしにするために、暮らしのノイズとなるものを減らしていこう。

2-13

色と規格を統一する

SIMPLE LIFE

空間をスッキリしたものにするひとつの要素は、「色彩」です。

ゴチャゴチャして見える部屋には、必ずたくさんの「色」があります。

テーブルクロスはプロヴァンス風の花柄、クッションは真っ赤なハート柄、ゴミ箱は緑色のプラスチック、カーテンはハワイアンテイストの柄……。

こういう空間は、うまくいけばおもちゃ箱をひっくり返したような「楽しい」雰囲気になります。お店でいえば、いろいろなものがぎっしり詰まった「ヴィレッジヴァンガード」風でしょうか。しかし、これは一歩間違えば「暑苦しい」印象となってしまいがちです。色柄があるものはボリュームを感じさせるため、空間が必要以上に狭く見えるからです。

これに対し、ものがあってもスッキリしている部屋の特徴は、あまり多くの色がないことです。「無印良品」の店舗を思い浮かべてみてください。たくさんの商品を陳列しているのに、個々に主張する色彩がほとんどないことから、非常に静かな、落ち着いた雰囲気が漂っています。こういう空間は、スッキリして見えると同時に、実際よりも広く感じるものです。

たくさんの色があっても狭さを感じさせない空間というのはありますが、それは、間違いなく高度な美的感覚の持ち主の部屋です。多くの色を使うのは上級者向けと心得、なるべくなら、家具も小物も、床、壁、天井になじむ、同系色の、それも無地に近いものを選ぶほうが無難でしょう。

色と同時に統一しておきたいのが「規格」です。

たとえば、ひとつの部屋にいくつもの棚があるとき、素材や大きさがバラバラであるよりは、ある程度そろっていたほうがスッキリして見えるものです。白木やアンティーク調、あるいはワイヤー、籐など、さまざまな素材のさまざまな大きさの棚が並んでいると、それだけで混沌《こんとん》とした印象を与えてしまいますが、これが同じサイズの同じ素材のものだったら、いくつ並んでいても大丈夫。

ファイルやノートなどの紙類も、さまざまなサイズが混在するよりは、A4、B5などの統一規格でそろえれば、あるいは食器類も、色とサイズさえ統一されていれば、たくさんあっても決してゴチャゴチャして見えません。

これらはいずれも、「スッキリして見える、雰囲気のいいショップ」がお手本となります。お気に入りのショップのディスプレイを参考にしてみてください。

まとめ
「色」と「規格」を統一すれば、わが家も憧れのショップのような空間に！

ロゴとキャラクターを排除する

今、部屋を見まわして、次のものを探してみてください。

1　企業名や商品名のロゴがプリントされているもの

2　キャラクターがプリントされているもの

ためしに、この2つに該当するものを全部隠してみてください。ティッシュの箱を無地の布でくるみ、ポテトチップスの袋は戸棚にしまい、商品名のシールがついた部屋の消臭剤には、マスキングテープを貼ってしまいましょう。人気のキャラクター人形も、子ども部屋に移しましょう。

すると途端に、嘘のように部屋がスッキリするのです。もともとのセンスがいい人で、インテリアにも気をつかっているような場合、これだけでモデルルームのような雰囲気になってしまうこともあります。

「ロゴ」は、この商業主義の社会で生き抜くための、強烈な自己主張の塊です。店頭で競合商品に打ち勝つため、ありとあらゆる工夫と努力で目立つことを運命づけられています。その強烈な色彩とデザインは、ひとたび家庭のなかに入っても、相変わらず、

「買って！　買って！」と叫び続けています。ロゴとキャラクターは、暮らしのノイズの最たるものなのです。

キャラクターに関しては、それが大好きでコレクションしているとか、そのキャラクターを見ると楽しい気持ちになるという場合は問題ありませんが、そうではなく、何となくついてきたから、という理由でそこにある場合は、ロゴと同様の作用をもたらします。

できれば、買ってきた時点で商品のロゴやキャラクターははがし、目隠しし、可能なものは自分で選んだ容器に移し替えましょう。部屋のなかには、自分の意思で選んだもの以外はないように努めましょう。あなたの家なのですから、家のなかでまで、企業の宣伝をさせることはありません。

まとめ　**ロゴとキャラクターを取り除くのが、手っ取り早く部屋をスッキリさせる方法。**

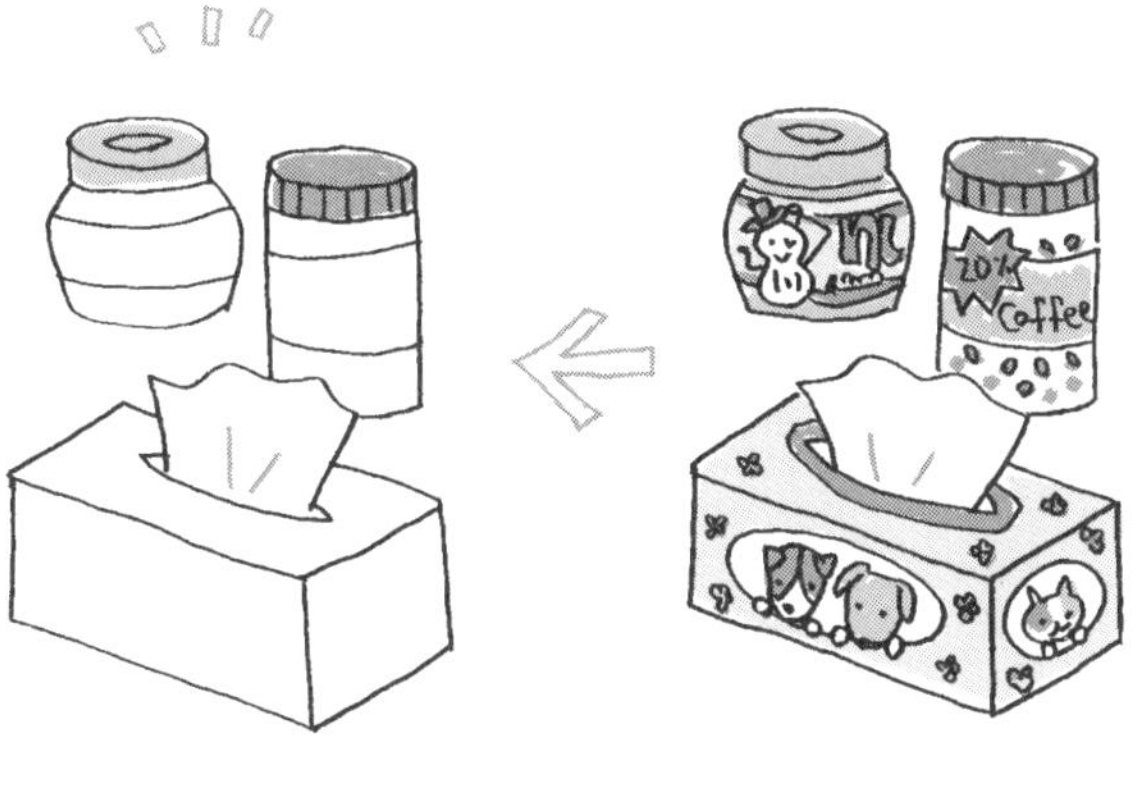

2-15 「飾る」考え方

SIMPLE LIFE

「よく片づいているのに、なぜかスッキリしない部屋」があるとしたら、その理由のひとつは、「飾りものがたくさんあること」。趣味の多い人や、旅行が好きな人に多いようです。

窓枠の上にはバリ島で買ったネコの置き物が座り、出窓にはかわいい雑貨が大集合。壁には子どもの作品が次々に貼られ、テレビの上にも棚の上にも、旅行のおみやげや家族の写真がぎっしり。よく見れば窓ガラスにも、ジェル状の季節のオーナメントが貼りつけてある……。

ちょっとした空間があれば、そこに何か飾りたくなるのは人情です。でも、それを空きスペース全部にやってしまうと、部屋中に小物が散らばっているように見えてしまい、P.58のように「平面をたくさん見せる」ことがむずかしくなってしまいます。

掃除が好きな人なら、雑然としてはいてもホコリをためたりはしませんが、飾ることだけ好きな人がこれをやったら、せっかくの飾り物がホコリまみれになるのはあっという間。ものがたくさんある場所を掃除するのは至難の業だからです。

ものを飾るなら、なるべく1カ所か2カ所にとどめ、そこに集中して飾るようにしたほうが、飾ったものも映えますし、部屋全体がスッキリして見えるいちばんいいやり方です。

飾る場所は、「フォーカルポイント」と呼ばれる、その部屋でいちばん目立ち、視線を集める場所です。部屋に入ったとき、最初に目に入る場所がそれに当たります。

たくさん飾りたいものがあって、飾り切れないなら、ときどきディスプレイをチェンジして、取り替えながら飾るようにすれば、いつも新鮮な気分が味わえます。

とくに掃除が苦手な人は、できるだけ立体のものを飾らず、写真や絵といった平面のものだけを飾るようにすれば、スッキリと見やすく、ホコリを取る手間もかなり省けます。

まとめ

「飾る」ときは、「やりすぎない」ことを心にとどめておけば、掃除もしやすい。

第3章

スッキリした状態を習慣にするヒント

3-01 どんなに散らかっても、大丈夫！

SIMPLE LIFE

まる1日かけて大掃除、机の上から棚からきれ〜いに片づけて、われながら惚れ惚れするほど片づいた日。

「もう二度と散らかさないぞ！」

と決意したはずなのに、翌日にはもう、少しずつその「秩序」は崩れていきます。2日、3日……、1週間もすれば、あら不思議！　すっかり元に戻っているではありませんか。

こんなこと、あなたには経験ありませんか？　わたしにはあります。それも何度も。

こんな経験、したことがない人のほうがめずらしいでしょう。これは、何もあなたがダメな人だからでも、意志薄弱だからでも、だらしないからでもありません。いたってふつうのことなのです。水が高いところから低いところに流れるのと同じ、太陽が東から昇るのと同じ、物理的に正しい現象なのです。

以前、夫を残して、子どもたちとわたしだけで実家に帰ったことがあります（夫婦ゲンカではありませんよ）。いつものように掃除をして出たあと、夫はそこで3日間ひとりで過ごしました。わたしたちが戻ってみると、驚くべきことに、ほとんど散らかっていないのです！

ほんの少しの食器が流しにあるくらいで、片づけが必要な箇所が見当たらないのです。

これにはびっくりしました。だって、子どもたちと過ごす毎日は、朝、掃除しても、夕方になると、それが夢だったかのごとく散らかっているからです。台所だって、洗っても洗っても、次々にたまる汚れた食器ですぐにいっぱいになるのです。その違いは何？

夫にたずねたら、理由がわかりました。夫いわく、「つくるのは面倒だから、ほとんど外食していた。仕事が忙しいから、帰宅は夜遅く。何をするわけでもなく、テレビ見て風呂入って寝てた」。

つまり、彼は、帰宅はしていたけれど、生活はしていなかったのです。部屋が散らからないのも当然、だって、暮らしていないのですから。

だから、自分を責めることはありません。部屋が散らかるのは単なる自然現象、というより、あなたが一生懸命生きて生活している証《あかし》なのです。頑張っている人ほど、もしかしたらうんと散らかるのかもしれません。

でも、大丈夫、散らかったら、片づければいいのです。片づけやすい散らかし方、片づけやすいもののもち方を覚えればいいのです。それなら、ちっとも困りませんよ。

まとめ　一生懸命生きるほど、部屋は散らかるもの。気にせず、片づけやすい方法を考えよう！

3-02

人間ってこういうもの、と割り切ること

SIMPLE LIFE

夏休みの宿題、早めに片づければ心おきなく遊べるのに、ついつい先延ばしにしてしまう。ダイエットしようと思っているのに、お菓子を見ると、ついつい手が出てしまう。

頭ではわかっているのに、どうしてもできないこと、どうしてもやってしまうこと。わたしたちって、しょっちゅうこんな後悔をしていますね。本当に、人間ってヘンテコです。ちっとも合理的じゃない。

理想はどうあれ、今現在の自分が、そんな非合理的な存在ならば、まずはそこから出発しなければなりません。つまり、ダメな自分を、いったん認めてしまうのです。

どうしてもいつもできないこと、やってしまうことは何か？

「出しっぱなしにしてしまう」

「見て見ぬ振りをしてしまう」

「適当な場所に突っ込んでしまう」

大丈夫、誰でもついついやってしまうことです。あなたが特別ダメなワケじゃありません。

でも、そうではない人もいますね。出しっぱなしにしないで、その都度きちんとしまえる

人。気づいたらすぐ、拾ったり拭いたりたたんだりできる人。場所を決めて、必ずそこに戻せる人。その人たちとわたしたちとの違いは、何なのでしょう?

片づけなんて、土台おもしろいものじゃありません。ふつうにしていたら人間は易きに流されるもの、部屋は散らかる一方に決まっています。でも、片づけられる人はそうならない。

それは、彼らが特別な、わたしたちとかけ離れた人間だからではなくて、彼らが「上手に自分をダマすことに成功した人」だからです。人間って、意外に単純。自分で自分をダマすことは、誰にでも可能です。自分をダマせれば、片づけられない人なんていないのです。

上手な自分のダマし方、それを「習慣」と呼びます。「習慣」の力で自分を変えていく方法を学んでいきませんか。

まとめ

上手に自分をダマして習慣にしてしまえば、誰でも片づけられる人になる。

習慣は暮らしにリズムをつくる

あらゆるものごとが高速化した現代は、誰もが忙しがっています。それは、仕事をもっている人ばかりではありません。

たとえば、専業主婦は、本来はゆったりしたペースで暮らせるように思いますが、現実は逆。育児、介護、地域の仕事など、お金に換算できない多様な仕事を一手に請け負う主力は、今や主婦なのです。その仕事の雑多さ、細かさゆえに、むしろ賃金労働よりも複雑なスケジューリングを必要としています。

やるべきことがあまりに多岐にわたっていると、何から手をつけていいやら、頭が混乱して無気力になったり、時間の使い方が散漫になってしまい、時間をムダにしている焦りが、さらにセカセカ気分を倍増させるのです。わたしたちの「忙しい」の中身って、実際にやっていることよりも、「やらなければならないのにできていない」ことに対する焦りの気持ちが大半なのではないでしょうか。

学生や会社員のように、決まった時間割で動いているのではない、主婦やフリーランスの人は、自分のやるべきことを、「習慣」の力を借りて達成することで、暮らしにメリハリがつき、リズムが生まれます。

「朝8時から2時間以内に、基本の家事をひととおり終わらせる」

「家事が全部終わらなくても、10時になったら自分の仕事をはじめる」

「夕方には必ず実家の母に電話する」

など、生活のなかに、「これだけは絶対やっておく」習慣を、徐々に、でもできるだけたくさん組み込んでいきましょう。まずは、とにかくやってみること。それによって、暮らしにリズムが生まれ、やるべきことがこなせるようになり、やりたいことがどんどん実現していくようになります。完成された習慣には、強い拘束力があるからです。

まとめ

（暮らしにリズムが生まれれば、いろいろなことがこなせるようになる。）

習慣にすれば、ストレスレス

あなたは今、どんな習慣をもっていますか？　歯磨き？　スキンケア？　子どもの宿題をみる？　日記をつける？　ついお菓子を食べすぎてしまう？

どんなものであれ、習慣になっていることって、

「さあ！　やるぞ！」

なんてかまえなくても、自然と行動に移せるものですよね。習慣になれば、たとえ難易度の高い行動（勉強や運動）でも、ラクにできてしまう。逆に直したい習慣にいたっては、やめたいのに、意志の力が及ばず、ついついやってしまう。これって、なぜなんでしょう？

それは、習慣というものが、取りも直さず、物理学上の「慣性の法則」と同じような性質によって成り立っているからです。

渋滞に巻き込まれたときより、高速道路を一定の速度で走るほうが、クルマの燃料ははるかに少なくてすみます。これは慣性の法則が働いていて、余計なエネルギーを必要としないためです。

もし、自分にとってハードルが高いけれど、ぜひ達成したい課題があるなら、その課題を

今の自分にできるレベルまで分解し、毎日の日課に組み込むようにしていけばいいのです。たとえ今は腰の重い片づけや掃除も、それが習慣になってしまえば、からだが勝手に動いてくれます。

忍者は、麻の苗を植えてそれを毎日飛び越す訓練をする、という逸話があります。麻は生長が早いので、少しずつ跳躍力が身につくためだそうですが、小さな課題を毎日クリアしていけば、少しずつ力をつけ、ストレスなく成長することができる、というたとえでしょう。

今やメジャーリーグの大スターであるイチローだって松井だって、生身の人間である点ではわたしたちと変わりありません。ただ、彼らは、自分の理想を具体的に設定し、そこまでの過程を細分化して、毎日の習慣に組み込んでいくことで、確実に成長を遂げた点が、やはり凡人とは異なっているのです。

みんながイチローや松井になる必要はありませんが、たとえ、

「毎朝必ず家中に掃除機をかける！」

といった小さな課題でも、習慣となって確実にできるようになれば、ストレスなく毎日を過ごせるようになり、より大きな課題もクリアできるようになるのではないでしょうか。

まとめ　習慣にしてしまえば、大きな課題もいつか必ず実現できる。

3-05

SIMPLE LIFE

「癒し」のいらない暮らしが手に入る

ストレスフルな時代のキーワードは「癒し」のようで、今や毎日のように「癒し」の文字を見かけます。そんなにみんなが疲れ、癒しを求めているのでしょうか。

癒しはしばしば商品化され、いろいろなところで売られています。エステやアロマ、温泉旅館や音楽ＣＤのようなものがそれです。

癒しを求めて、商品を購入したり旅行に出かけたり、お金を使うことが癒しを手に入れることになっていて、それを買うためには、ますますせっせと働かなければならないというしくみになっています。働くのは、幸福になるためではなかったでしょうか。

お金で買う、人によって提供される癒しもたしかにありますが、得てしてその効用は長続きしません。使っているうちにしだいに効果が薄れ、さらに使う頻度を上げ、量を増やさなければ効かない薬に似ています。それではいつまでたっても、あくせくと働き続けなければなりません。

ここでもし、今の生活に、お金をかけずに癒されるしくみをつくってしまえば、どうでしょうか。人に提供してもらう癒しではなく、自らつくりだす癒しのシステムです。

たとえば、肩こりを治すためにマッサージに通ったとしても、多くはすぐに効き目が切れてしまいます。原因となる運動不足や筋肉不足は、マッサージでは根本的に解決されないからです。

それに対し、ダンベルや腕まわし体操を、1日◯回と決めて続けることによって、肩の筋肉量を増やし、肩こりに負けないからだをつくれば、マッサージはいらなくなります。お金もかからないし、そのために余計働く必要もなくなるワケで、そうすればますます肩こりになる頻度は下がるでしょう。

肩こりはたとえです。癒しって、本来買うものではなく、こうして自分でつくるものではないでしょうか。

もっといえば、「自分を鍛えること」で癒されなくてもいい、確実な毎日を手に入れることのほうが大切なのです。

癒しが必要だということは、今の暮らしに、強い「芯」になるものが足りていないのかもしれません。

習慣は、それをサポートしてくれる大きなパワーなのです。

まとめ

「癒し」は、買うものではなくつくるもの。自分を鍛えることがすなわち癒しになる。

習慣を定着させるには……一度にひとつだけ

「ダイエット」にしろ「資格取得のための勉強」にしろ、それらに成功するための習慣を獲得することは、イコール自分の今の生活を変えることを意味します。

たとえばダイエットなら、パン食だったのを和食に変え、駅からバス通勤だったのを徒歩に変え、必ず食べていたおやつを抜いて、ビールを水に変え……といった具合です。

しかし、たくさんの習慣を一度に暮らしにもち込み、今日からガラリと生活を変えようとすれば、ほとんどの場合すぐに挫折します。

人間は、習慣というパーツが複雑に組み合わさってできた精密機械のようなもの。

精密機械の部品を、一度に何個もまったく違うものに取り替えたら、すぐに動かなくなってしまうでしょう。ことによると、ショートしてしまうかもしれません。新しい習慣をもち込み、古い習慣を捨てることにみんなが挫折するのは、一度に何個もの習慣を変えようとするからです。人間は、そんなに荒っぽくできてはいません。

ショートしないためには、もっと繊細になりましょう。

自分の生活になかったことをはじめるときは、一度に1個に限定します。そして、様子を見ながら、それが生活全体に悪い影響を与えることなく、定着するまで、続けるのです。スムーズに動くようになるまで、拒否反応が出なくなるまで……。そうなったところで、ようやく次の習慣にチャレンジします。

新しいことをはじめるなら、一度に1個。欲張ってはいけません。

そうやって、後戻りしないように、リバウンドしないように、確実にそれを生活のなかにインストールしていきます。時間はかかりますが、そのほうがずっと確実で、効率よく、失敗して自己嫌悪に陥ることもありません。

まとめ

人間は、一度にガラリとは変わらない。習慣を変えるときは、ひとつずつ着実に!

3-07

ひとつのことにつき、最低2週間かける

SIMPLE LIFE

では、ひとつの「習慣」を定着させるのに、どのくらいの時間をかけたらいいのでしょうか。

医療や美容の例を参考にすると、それはおよそ「2週間」を目安にしているようです。

サプリメントやコスメの「お試しセット」は、2週間分がパックになっていることが多いものです。「まずは2週間のお試しを!」というフレーズはよく見かけますね。

これは、薬効成分なり美容成分が新たにからだに入り込み、それが一定の結果を出すまで、だいたい2週間程度かかるということからら。食事療法をはじめたり、禁酒・禁煙など

をして生活習慣を変えたときも、2週間後くらいから効果があらわれはじめ、検査結果にもはっきり出てくるそうです。

心は、からだに包まれているのですから、習慣によって心のあり方に変化があらわれるのもまた、2週間程度必要ということではないでしょうか。

何も長続きした経験がない人にとって、2週間というのは長く感じるかもしれません。しかし、逆にいえば2週間、何とか頑張りさえすればいいのです。10年、20年と、長きにわたって「変えたい」と思っていたことが本当にたった2週間で変わるのであれば、絶対にお得だと思いませんか？

もちろん、なかには2週間ではなかなか定着しない、ハードルの高い「習慣」もあるでしょう。そういうときは、期間延長してさらに2週間。それでもダメなら、2週間を何度も繰り返せばいいのです。

繰り返す回数が多いほど、それは深くあなたのなかに入り込み、簡単には後戻りしない「習慣」となって、あなたとあなたの暮らしをより理想に近づけてくれるでしょう。

まとめ

（一定の結果が出るのには、2週間程度かかるそう。2週間、何とか頑張ろう！）

三日坊主上等！

「わたしって、何をやっても続かなくって……」

と、三日坊主を自認する人は少なくありません。

「習慣は2週間で定着する」とはいえ、実際は、そこまで継続させるのがすでにタイヘン。それができれば、ダイエットだって禁煙だって、もうとっくに成功しているはずですものね。今まで、三日坊主を幾度となく繰り返してきた人のなかには、

「どうせわたしには、結局できないのよ……」

と、はじめからあきらめてしまっている人もいるかもしれません。

「三日坊主」ということばは、否定的に語られることが多いものですが、そんなに卑下することはありません。

はじめてのことに挑戦するのは、意外に大きなエネルギーを消耗するもの。たとえそれが、さほどむずかしくないことであっても、けっこうタイヘンなことなのです。

三日坊主になってしまったという人でも、仮にも、やったことのないことを3日も続けられたのです。それだけでも大したものです。3日続けられるなら、4日続けることができる

かもしれませんし、それを1日ずつ延ばしていけば、いつかはそれが2週間くらいまでになっていくはずです。

たとえ、また今回も三日坊主に終わってしまったとしても、自分を責めたり、がっかりして無気力にならないで。いいんです！　大丈夫、何度挫折しようが、何ごともなかったかのように、同じ地点から、また同じチャレンジをはじめればいいのです。三日坊主を何回繰り返そうが、恥ずかしいことなんてありません。

野球でもサッカーでも、たとえ大量に点を入れられたからといって、まだ勝負もついていないのに、うちひしがれて試合を放棄するようなチームは、永遠に勝利をつかむことができないでしょうし、そもそもそんなチーム、誰も応援してはくれません。どんなに劣勢でも、闘志を失わず、何とかして形勢を立て直して挑戦し続ける人は、いつか必ず成功します。

「成功した人」とは、最初から続けることができた人ではなくて、最後まであきらめなかった人なのです。そして、ひとつ成功すれば、2つ、3つを制覇するのは案外たやすいこと。さらに多くのものを手にすることができるでしょう。その最初のひとつを手にするために、「三日坊主」を続けましょう。

まとめ
三日坊主は、じつは飽きっぽい証拠ではなく、成功の最小単位。

習慣にはケアが必要

暮らしに新しい習慣をもち込むときは、P.82、84でもお話ししたように、「一度にひとつ、2週間」が基本。いくつもの習慣を、一度に定着させることができるほど、人間は器用にできてはいません。

しかし、一度身についた習慣も、あまり放っておけば、しだいにタガがゆるんで安易な自己流になってしまったり、尻すぼみになって元に戻ってしまうことも少なくありません。それはとくに、忙しくて心のゆとりをなくしがちな時期に起きてきます。

習慣というのは、鉄道の軌道（レール）に似ていて、いったん敷設してしまえば、あとは自在に列車を走らせることができます。しかし、決してほったらかしにしていていいワケではありません。

実際の鉄道を観察すればわかることですが、堅固に見えるレールも、重い列車が高速で走れば、しだいにゆるんだりガタついたり、傷みが出てきます。ときには、故意の置き石が発見されることもあるでしょう。それらを感知し、適切に補修するために、毎日たくさんの保

線係が線路内をチェックしています。保線なくして、列車は安全に走行することはできません。

習慣も、それと同じ。2週間で定着したとはいっても、それで完成ではありません。ときどきは、崩れていないか、飛び飛びになっていないか、定期的に暮らしを振り返り、もしも、

「アレ？　いつの間にか戻ってしまっている……」

ということがあったら、P.86の「三日坊主上等！」と同じように、自分を責めたり落ち込んだりせずに、またいちからやり直せばいいのです。

何度崩れても、大丈夫。2度目、3度目……と、やり直すうちに、習慣が戻るのは早くなり、崩れるのは遅くなります。それこそ、習慣が本当に定着してきたことを意味するのです。

まとめ
一度身についた習慣もほったらかしはダメ。チェックして、崩れていたらやり直そう！

3-10

必要な習慣は、その状況によって変わる

SIMPLE LIFE

住まいや家族構成が変わると、ライフスタイルも変わります。すると、自分にとってベストと思っていたこれまでの生活習慣が不要になったり、新しい習慣が必要になったりすることがあります。

たとえば、わたしがひとり暮らしで会社勤めをしていたときは、掃除機をかけるのも洗濯も週2回程度でした。家にいる時間が短く洗濯物も少なかったその頃は、それでちっとも困らなかったのです。当時は、掃除も洗濯も毎日する主婦が、不思議でたまりませんでした。

ところが、結婚して夫と暮らすようになると、てきめんに家が汚れるようになりました。男性は水の使い方が荒っぽく、皮脂が多いせいか、とくに洗面所やお風呂場の汚れ方が早いのです。それでもわたしは、何かヘンだな？　と思うばかりで、掃除の頻度を上げることはしませんでした。やりたくないことに対しては、発想が向かないのも習慣の特徴です。

そして、子どもが生まれたら、今度は洗濯の量が一挙に3倍になってしまいました。もちろん、洗濯は毎日。こんなに小さな赤ん坊のちっぽけな服が増えただけなのに、どうして!?子どもは、こぼしたり吐いたり、１日何回も着替えをします。また、タオル類の使用量が

格段に多くなります。子どもが立って歩くようになると、部屋中が砂場の砂でジャリジャリです。家のなかはゴチャゴチャでホコリっぽく、水まわりはジメジメ。ここにいたってようやくわたしは、自分が独身時代の習慣を引きずっていて、それが今の暮らしに合っていないのだということに気づいたのです。子どものいる暮らしには、毎日の掃除と洗濯はもはや不可欠だったのです。

習慣の多くは、自分では意識していないものです。ライフスタイルが変わったら、なぜだか家のなかが居心地悪くなった、前と同じようにしているのに、何となく楽しくない、そう思ったら、今の暮らしと生活習慣を、もう一度見直してみませんか。

まとめ ひとり暮らし、夫婦、子どものいる暮らしでは、それぞれ必要な習慣も違ってくる。

3-11

SIMPLE LIFE

魔法の呪文「重ねる、そろえる、たたむ」

「出したらしまう」のが片づけの鉄則。でも、そうはいかないのがふつうの人です。みんながその簡単なことができていたら、片づけに悩む人なんていないはずですから。

そんな多くの人に、片づけのときに唱えて欲しい、おすすめの「呪文」があります。それが、「重ねる、そろえる、たたむ」。

片づけようとしてもどこから手をつけていいのかわからず、呆然としてしまいそうなときは、P.42にもあるように、まず最初に同じ種類のものを集め、それを重ねていくといいでしょう。

たとえば、「紙でできているもの」。

「本」は「本」で集め、サイズの大きなものをいちばん下にして重ねていきます。「書類」は「書類」、「その他」は「その他」で同じように重ねていく。そして、その角をきちんとそろえていきます。これで、紙製品は、きれいにそろった「山」ができます。

次に、「布でできているもの」。

またすぐ着る洋服や、取り込んだままの洗濯物は、持ち主ごとに「山」をつくり、それぞれをたたんで、紙類と同じように積み上げていきます。この途中、やはりP. 42のように、捨てるものや洗うものを分別しながら取り除いていくことはいうまでもありません。

これらの「重ねて、そろえて、たたんだ」ものを、紙類ならテーブルやソファの上、衣類ならカゴのなかに、方向をそろえて並べておけば、出ているものの数量は同じながら、「出しっぱなしだけど、見苦しくない」

部屋にすることができます。そして、これだけ分類できていれば、あとは「しまう」だけ。

「出しっぱなし」にしがちなのは、その手前にある分類ができていないだけなのです。

「重ねる、そろえる、たたむ」は、じつは片づけの途中でもっとも重要な「分類」という過程を、ラクに、わかりやすくしてくれる呪文なのです。

まとめ

（同じアイテムごとにきちんとそろってさえいれば、出しっぱなしでも見苦しくならない。）

手ぶらでは戻らない

食事づくりや洗濯は、ためておいてあとでまとめてやる、ということができません。家族がおなかをすかせたら、何か食べさせなければ空腹で動けなくなってしまいますし、洗濯もあまりためると着るものがなくなったり、一度に干す場所もなくなって困ります。

これに対し、掃除や片づけは、少々ためても、とりあえずは問題ありません。来客がなければ、他人には見えませんし、散らかっていたからといって、不愉快ではあっても痛くもかゆくもありません。だから、どうしても後まわしになりがちです。もうどうしようもなくなった頃に、ようやく重い腰を上げ、散らかり切った部屋を片づける、というパターンは決して少なくないでしょう。

しかし、掃除も片づけも、ためるほどタイヘンになるのは当然のこと。これを少しでも軽減するために有効なのは、

「ついでに片づける」

ことです。わたしはそれを、学生時代のファミリーレストランのアルバイトで学びました。

お客様に水を出したらそのまま戻り、料理を出したらそのまま戻ってきてしまう新米アルバイトのわたしは、店長に滔々《とうとう》とお説教されました。

「料理を出したら、灰皿ひとつでもいい、何か下げて帰れ！　手ぶらで戻るな！」

このお説教はじつに的を射ていて、さんざん叱られてわたしがようやく覚えたのは、

「何かしたら、ついでに何かして、一度にクリアする作業量を2倍、3倍にする」

ということでした。

これは、今にいたるまで、わたしの人生にとても役立っているお説教です。

食卓の食器を取りにいくなら、台拭きも持っていき、ついでに食卓をきれいに拭く。ベランダで洗濯物を干したら、ついでに植木に水をやり、落ちている枯葉を拾う。小さなことでいいのです。「手ぶらでは戻らない」ことを決めて、何かしたら何かひとつ拾う、片づける、戻す。すると、部屋が散らかるのが遅く、片づくのは速くなります。結果的に、掃除や片づけをラクにしてくれるのです。

まとめ

何かするついでに、必ずもうひとつ片づけるようにすると、家が散らかりにくくなる。

わが家に定期的に人を呼ぶ

掃除や片づけが嫌いな人、苦手な人のなかには、よく、

「こんな部屋じゃ、人を呼べない……」

と悩んでいる人がいます。

きれいに片づけて、理想の部屋にすることができたら、晴れて友だちや彼氏を呼びたいのでしょう。気持ちはよくわかりますが、それはいったいいつ？

何でもそうですが、期限を切らないと、目標はなかなか達成することができません。自分なりに目標を設けてもいいけれど、それはあくまでも自分との約束なので、忙しさにかまけてグズグズになっていき、どんどん後ろにズレ込んでいき、挙げ句の果てには、

「まっいいか、いつでも……」

となってしまうことが多いものです。そんなことをこれまで何度も繰り返し、いい加減学習したのなら、今回は決めましょう。そう、あらかじめ人を呼んでしまうのです！

「来月の○日、うちで鍋しない？」

大げさなものでなく、たとえば、宅配ピザのパーティーでもいいのです。親しい友だちを数

人、招待してしまいましょう。

人に見られる前提があると、片づけのモチベーションは俄然《がぜん》アップします。設定レベルも、自分だけが見るのとは違って、かなり高くなるでしょう。期限から逆算して「今週はこの部屋、今日はこのスペース」と、計画的に掃除や片づけを進めていくことも可能です。

期限が迫っても、どうしても理想どおりに進まないこともあります。でも、そんなときもドタキャンはダメ。ハラをくくって、イマイチな部屋でも、潔く公開するのです。

案の定、気持ちよくお客様を迎えることができなくても、それはそれでいい勉強。あとで「ひとり反省会」をするのです。

「あそこはああ見られただろうな……」

そうしたらすぐ、次のパーティーを設定します。2カ月に1回くらい、定期的に開催するといいでしょう。

どんなに親しい間柄でも、他人の目が入ることによって、暮らしはピシッと変わります。人を呼べば、人にも呼んでもらえて、よその家に入れてもらうことは、自分の片づけのとてもよい参考になります。

まとめ　定期的に他人の目が入ることによって、わが家がみるみるきれいになる！

第4章

少し、ていねいに暮らしてみる

4-01

SIMPLE LIFE

持ち物の「棚卸し」をする

現代の生活は、おびただしい数のものに支えられています。とくに日本は、西洋式のライフスタイルと伝統的な暮らし方が各家のなかに共存しているため、どの家も、洋食器と和食器、洋服と和服、クリスマスツリーと雛人形、といった多様なものを抱え込んでいます。

ものというのは、持ったら最後、それに付随する管理の手間も背負うことになります。ものがあまりに多ければ、管理し切れなくなることもあるでしょう。それはすなわち、片づけられなくなることであり、傷んだものが修理されず放置されることであり、なくしたきり見つからないままになることです。

あまりにたくさんのものを持っていて、ゴチャゴチャと片づかない状態であったり、壊れていたり、見つからなかったりすれば、自分が何を持っているのかわからなくなってしまいます。せっかく持っているのに、また同じものを買ってしまったり、いざというときにすぐに使えなかったりして、持っていることが何の意味もなさなくなってしまうのです。

そうなることを防ぐためにも、一度、持っているものの「棚卸し」をしてみませんか。お店が在庫の確認をするように、自分の持っているものの種類と数を書き出していくのです。

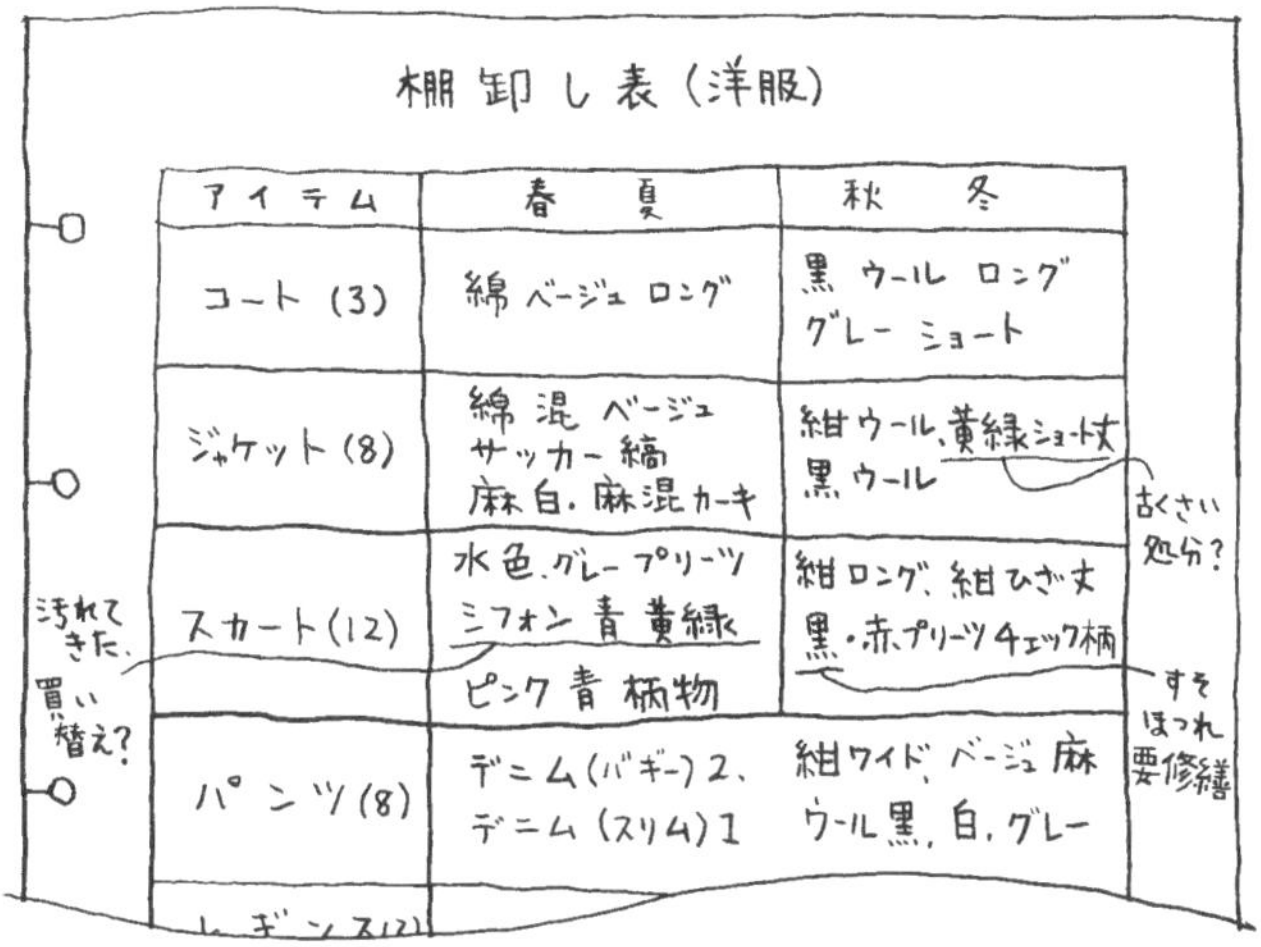

アイテム	春 夏	秋 冬
コート（3）	綿ベージュロング	黒ウールロング グレーショート
ジャケット（8）	綿混ベージュ サッカー縞 麻白、麻混カーキ	紺ウール、黄緑ショート丈 黒ウール
スカート（12）	水色、グレープリーツ シフォン青黄緑 ピンク青柄物	紺ロング、紺ひざ丈 黒・赤プリーツ チェック柄
パンツ（8）	デニム（バギー）2 デニム（スリム）1	紺ワイド、ベージュ麻 ウール黒、白、グレー
レギンス(2)		

- 汚れてきた。買い替え？

- 古くさい 処分？

- すそほつれ 要修繕

自分の持ち物を把握することによって、ムダをなくし、有効利用できるようになります。

家中を一度に全部ひっくり返して行う「棚卸し」は、非常に時間と手間がかかりますので、あえておすすめしません。

「家具」や「家電」などよりも、「食器」「洋服」「本」など、ものが多くて片づけや収納に自分が困っているジャンルを優先して、1ジャンルずつ、ペンを片手にざっと調べ上げていきましょう。

棚卸しをするときは、数だけでなく、色や素材、サイズなども書き込んでいくようにすれば、買い物をするときや模様替えをするとき、大いに役立ちます。

まとめ

自分の持ち物の種類と数を知っておくことは、部屋をスッキリさせておく基本。

「欲しいものノート」をつくろう

欲しいものはいつだって、たくさんありますよね。最新家電に、古くなった家具の買い替え、今シーズン用のスカート、流行のゲームソフト、化粧品……。あなたが今、いちばん欲しいものは何ですか？　また、そのなかでいちばん必要なものは何ですか？

不思議なもので、あんなにたくさんの欲しいものがあったはずなのに、こうたずねられると、答えられなくなってしまうことが多いのです。それは、頭のなかの欲望に「欲しい」と「必要」の区別がついていないことと、それぞれの優先順位がハッキリしていないため。「欲しいもの」は過剰なエネルギーを放つ一方、理性的な判断を停止させてしまうので、ちゃんと整理しないと、本当に必要なもの、本当に欲しいものがハッキリしません。欲望を整理するためには、P.100の棚卸しと同じで、紙に書き出すことが大切です。

まず、「欲しいもの」をすべてノートの左ページに書き出します。次に、それぞれのアイテムの後ろに、「緊急度」または「必要度」に応じて、印をつけていきます。（◎、○、△）

さらにその後ろに、「手に入りやすさ」も書き込んでいきます。具体的な商品名、店名なども書き込みます。

そして、どれも買う前に「どこかでもらえないか？　借りてすますことができないか？何かで代用できないか？　自分でつくれないか？」を必ず検討します。買うしか選択肢がないものについてのみ、「緊急度」または「必要度」の欄に◎がついたものから順次購入し、「手に入りやすさ」に△がついたもので具体的な商品イメージがわかないものについては、右ページにイメージを書き込んでいきます（例　シルク、青系、２万円以下、……など）。

欲望は、こうして冷静に整理すると、急にそのエネルギーを失っていきます。ノートに書き込み、検討を重ねるうちに、どうでもよくなってしまうものは意外に多いはずです。その淘汰に負けないものだけ、購入していくようにしましょう。

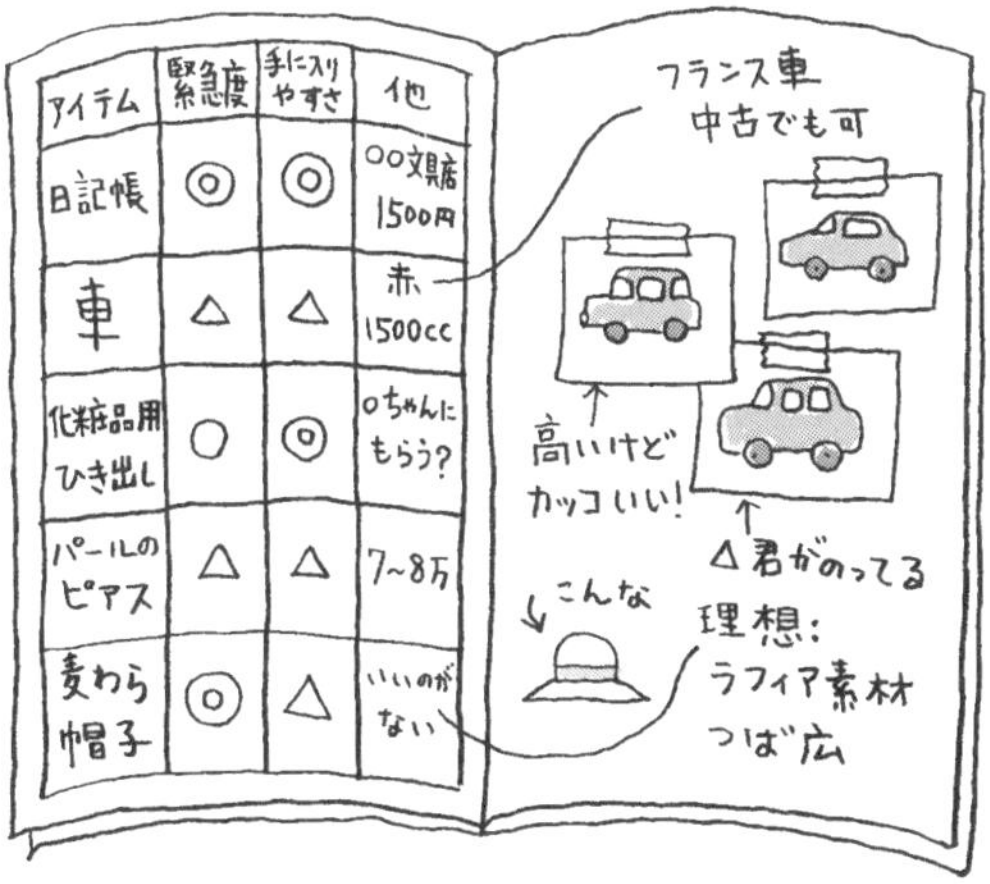

まとめ

欲しいものを書き出して整理すると、本当に必要なものだけを手に入れることができる。

タオルと石けんは自分で買おう

「ストレス解消のために」と、ついついそれほど必要でもない買い物をしてしまうことはないでしょうか。大して使わないうちに飽きてしまったり、結局使わずじまいだったものが部屋のどこかにあるとしたら、そういう人におすすめなのが、

「タオルと石けんを自分で買うこと」

です。

タオルと石けんは、誰でも毎日必ず使うものですが、日本では、この2つをタダでもらう機会が多いので、意外と自分で買うことが少ないのです。自分で選んだタオルと石けん「だけ」を使っている人って、あまり多くないのではないでしょうか。

もらいもののタオルは、たとえそれが素敵な柄の高級ブランドでも、手触りもサイズもバラバラですし、自分の好みにちゃんと合っているとは限りません。なかには、

「○○温泉旅館」

なんてプリントされているものも混じっていたりして……。

石けんも同じです。実家や銀行でもらった、粗品やお歳暮の石けんを何となく使っている

人が意外と多いのではないかと思います。

この2つを自分で選び、もらいものを使わないことを実践してみてください。とくに高価なものを選ぶ必要はありませんが、

「真っ白な無地のタオルだけ」

「石けんはフローラル系の香りに統一する」

など、必ず、自分の好みを徹底させて選びましょう。すると、どういうワケか、つまらない買い物が減るようになるのです。

毎日必ず使うこの2つが完全に自分の好みに支配されることで、日常生活の満足度がグンと底上げされ、それによって、今まで気づかなかった小さな不満が解消されるためかもしれません。好きでもないものを使うことは、知らず知らず満たされない気持ちを生み、それが、欲しくもない買い物に走る原因になっているのかもしれません。

ですから、この2つは大いに楽しんで選び、なるべく贅沢しましょう。といっても、大した出費にはなりません。それでいて、思わぬムダづかいの抑止力があるのですから、これをステップに、毎日の暮らしのレベルを上げていきましょう。

まとめ

（そうすると、日常生活の満足度がグンとアップ。ムダづかいが減り、部屋も片づく。）

4-04

SIMPLE LIFE

買う前にチェックしておくこと

買い物は、優先順位を守ることで、暮らしを豊かに楽しくしてくれるものです。ただ、どんなに欲しくて気に入ったものであっても、それを永遠に使うとは限りません。壊れて使えなくなることもあれば、飽きて使わなくなってしまったり、自分や自分の暮らしに似合わなくなったり、気に入っていても使えなくなってしまう日がくるかもしれません。そうなったとき、どうするか？　まで考えて買わないと、しだいに家のなかが使わないものであふれてしまいます。

買う前には、次のようなことをチェックしておくことが大切です。

1　修理できること　家具や家電など、大きな買い物をするときは、とくにここに注意しましょう。購入価格が安くても、修理ができない構造になっていることがあります。あまりに安価なものには注意し、お店の人によくたずねて買うようにしましょう。

2　あげられること　使わなくなったとき、もらってくれる人が思い浮かびますか？　ただ押しつけるのではなく、喜んで使ってくれる人がいるなら、それはいい買い物です。ボランティア団体などに寄付する際は、送料を負担できるか、物品と同時に現金の寄付も必要かどうかなども調べておきます。

3　売れること　使わなくなったとき、それが売れるかどうかも考えてから買うようにしましょう。リサイクル店で、同様の商品にどのくらいの値段がつけられているかを参考に。買い取り価格が安くても、売れるものなら、取りにきてくれて、自分で搬出する手間や費用がかかりません。粗大ゴミ置き場でよく見かけるようなものには、まず値段はつきません。

4　処分料がいくらか調べる　修理することも売ることもできなくなったとき、処分にいくらかかるかを知っておきましょう。大きなものほど注意が必要です。ホームセンターの安売り収納家具が、購入価格３９８０円に対し、処分料１０００円という例もあります。

5　環境負荷が低いこと　廃棄処分することになったとき、なるべくなら有害物質を出さずに焼却処分が可能だったり、土に還る天然素材だったり、リサイクルして何度も利用できる素材（鉄など）だったりしたほうが、気持ちがいいはず。単に埋め立てゴミになることのない素材を選ぶようにしたいものです。

このようなチェックをしてから買うようにすると、買い物の選択肢はだいぶ狭まりますし、後悔もありません。事前チェックは、ムダづかいも抑える効果があるのです。

まとめ　**5つのチェックポイントをクリアしたものだけ買うようにすれば、家が狭くならない。**

4-05 ちゃんと使い切れば捨てられる

SIMPLE LIFE

「捨てられなくて困っている」

という悩みを抱えている人は、少なくありません。

その多くは、決してケチなのでも、執着心が強いワケでもなく、

「まだ使えるものを捨てるのを、良心が許さない」

という場合が多いようです。

実際、捨てられなくて困っているものを見ると、まだ十分使える食器やどこも傷んでいない服がほとんど。それを何の痛みも感じずに捨てることは、たしかにむずかしいでしょう。

しかし、どんなにきれいでも、使えても、現実にもう使わないなら、それはあなたの暮らしにとって、もはやゴミと同じ意味しかもたないのです。もらい手や買い手が見つからない以上、潔く捨てるしかありません。

そして、今後同じことを繰り返さないためには、できるだけ数を少なく持つことをおすすめします。

わたしの場合、持ち物の数はなるべく絞っているので、傷むのが早いのです。２本のジー

ンズを毎日交互にはいていたら、2～3年ですっかり擦り切れてしまいました。1種類しかないコーヒーカップを毎日毎日使っていたら、6～7年でヒビが入ってきました。4枚しかないバスタオルを毎日毎日洗っていたら、これも3年くらいで穴が開きました。

ここまで使い倒し、使い切れば、気持ちよく捨てられます。というより、もはや捨てるしかありません。悩む余地がないのですから。

そして、もうひとつうれしいのは、次に何を買うか、うきうき楽しい気持ちで考えることができることです。

ものを捨てやすく、買い物を楽しむためには数を絞る！　これがいちばんです。

まとめ

（使い切れば、良心を痛めることなく捨てられる。捨てられない人は、持ち物の数を絞ろう！）

4-06

SIMPLE LIFE

プレゼントの考え方

お祝いにお祝い返し、誕生日や記念日、母の日、父の日、プレゼントを選ぶ機会は多いものです。しかし、プレゼント選びのむずかしさもまた、多くの人が感じていることでしょう。プレゼントは、選ぶのもいただくのも楽しいものですが、いただいたものに対する満足度となると「?」。一生懸命選んでくれたのも、いいものなのもわかる。でも、わたしの生活には……。

そんなプレゼントの困ったところは、自分に合わないということばかりでなく、なまじいいものなので、捨てることもできないところ。そういうものって、むしろ迷惑だったりします。あなたの家や、実家にもあるでしょう? 素敵だけど趣味に合わない、フランスのデザイナーの名前がプリントされているタオルとか、食器とか、座布団カバーとか、納戸に積み上げてある、使い道のないいただきものの山が……。プレゼントを、自分のセンスの見せ場と勘違いすると、こういう事態が発生します。

あなたの差し上げたプレゼントが、納戸に積み上げられたり、フリーマーケットに出されてしまったりしないためにいちばん有効な方法は、先方に直接たずねることです。

実際、最近では、結婚祝いや出産祝いに関しては、欧米流に、相手に直接欲しいものをたずねるケースが増えてきました。贈るほうにとってもいただくほうにとっても、合理的でたいへんいいことだと思います。しかし、実際には、プレゼントを差し上げることの多い目上の人に対しては、まだまだむずかしいもの。直接たずねるのがはばかられ、なおかつ何か贈らないと失礼に当たる、そんなときに間違いがないのは、

「保存性のいい〝消えもの〟」。

今どき、タオルや食器が足りていないお宅もないでしょうし、ましてや目上の方のお宅であれば、ないものはまずないといっていいでしょう。そういうお宅に贈るのであれば、調味料や乾物のようなものがベストです。家族も少ない場合が多いので、「傷みの速い生ものをたくさん」ではなく「保存できる質のよいものを少しだけ」が喜ばれるでしょう。

最近では、冠婚葬祭の返礼用カタログギフトなどでも、さまざまなボランティア団体への「寄付」をギフトアイテムとして用意しており、ものよりもこれらを選ぶ人が増えています。贈りたい相手の名前で寄付をし、それに対する団体からの返礼が、直接相手方に行くようなプレゼントも、これからはポピュラーになるかもしれません。

まとめ（**プレゼントは、自分のセンスを見せるためではなく相手に喜んでもらうために贈る。**）

4-07

間違った「もったいない」をやめよう

SIMPLE LIFE

「もったいないから捨てられない」

「もったいないから使えない」

ものを捨てられないで困っている人は、しばしばこういいます。

しかし、その「もったいない」は、使い方を間違っています。

ものは、使ってはじめて、その価値を発揮します。使わずにとっておく（死蔵する）ことには何の意味もないばかりか、スペースをムダにし、狭苦しい場所で暮らすことを余儀なくされる点で、暮らしにとってマイナスですらあります。もったいないのは、ものではなく、場所とそこにいる自分たちの暮らしのほうなのではないでしょうか。

「もったいなくて使えない」というのも、おかしな話です。

一見、ものを大切にしているように思えますが、「大切に使っている」のではなく、「使わないことによって、大切に扱う手間を省いている」だけにすぎません。

いいものは丈夫なので、滅多に壊れません。ブランドものの定番品であれば、数が足りなくなっても買い足しが利きます。もし陶磁器などが欠けたとしても、いいものなら金継ぎをして使ってもヘンではありません。こわがらず、どんどん使えばいいのです。

傷んでいなくても、壊れていなくても、使わないならゴミと同じ。ゴミをとっておく場所がもったいない。高級食器などを「ふだん使いにはもったいない」としまい込み、毎日使うのは景品や100円ショップの安物だとしたら、そのほうがはるかにもったいない。

ものを大切にするというのは、使わないことではなく、ちゃんと使うこと。ものを本当に大切にするこういう暮らしこそが、質の高い、ていねいな暮らしといえるのではないでしょうか。

まとめ

質の高い暮らしとは、ものを本当に大切に使い、使わないもののない暮らし。

一輪の花を飾る

片づけをラクにしたかったら、片づけ本を何十冊読むよりも、片づけ講座を受講するよりも、まず最初に、

「毎日必ず、花を飾る」

ことをおすすめします。

「花なんて、きれいに片づけてから飾るものでしょう。片づいていないのに、花なんか飾っても意味がないわ」

と思われるかもしれません。

でも、当面すぐに部屋を片づけることができそうになくても、あえて花を先に飾ってみてください。それも、なるべく負担にならないよう、一度に一輪だけ。花を飾るのは、部屋のなかでいちばん散らかりやすい場所がいいでしょう。ただ、必ず守って欲しいのは、1日1回は必ず、水を替えてあげるということです。

一輪でも、花を飾ることを続けるうちに、どういうワケか、花のまわりから少しずつ部屋が片づいてきます。どんな小さな質素な花でも、水に生けた姿を見ると、見る者の心には、

まとめ

命ある花を毎日一輪、欠かさずに飾ることで、必ず部屋は片づきはじめる。

生きているものへの尊敬の気持ちが生まれます。枯らしてはいけない、美しくあって欲しい……。すると、無意識のうちに、花の周囲だけは、ほんの少しでも片づけようとするのです。

1カ所、片づいた空間ができると、それがまわりに伝わります。片づいた空間が、少しずつ広がっていきます。何年かかるかわかりませんが、花を絶やさないでさえいれば、いつか必ず片づけられる自分に変われるでしょう。

このとき、ラクをしたいからと、造花を飾ってはいけません。それでは何も変わりません。命がある生花だけが、あなたの部屋を変える力をもっているのです。

冷蔵庫収納の考え方

身につける服やアクセサリーが素敵で、いつもおしゃれにしている人も、家のなかまできれいとは限らないようです。

人から見えるところをきれいにすることも大切ですが、人からは見えないところ、たとえば冷蔵庫のような場所がスッキリ整理できていれば、もしかしたら流行の洋服や高価なバッグを持つこととは別の、目に見えない自信が身につくかもしれませんね。

最近の冷蔵庫は、ますます大型化しています。ファミリー向けなら、450リットル前後もあり、ここに週末買いだめした食品をどんどん詰め込んでいるのが、最近の冷蔵庫の利用スタイル。大きな冷蔵庫があれば、頻繁に買い物に行く必要がなくて便利です。

しかし、冷蔵庫は元々、収納整理に頭を悩ませることの多い場所です。冷気を逃がしてはいけないので、長時間開けっぱなしにするワケにはいきません。そのため、どうしても整理整頓がおろそかになってしまいがちです。

さらに、容量の大きな冷蔵庫に、ついつい何でも放り込んでいるうちに、奥のほうにあるものが見えなくなってしまい、気がつくと、ひからびて変色したり、消費期限が切れてしまったり。冷蔵庫が「白いブラックボックス」になってしまっているお宅も多いのではないでしょうか。

冷蔵庫は、あくまで食品の一時保管庫。家電メーカーのカタログのような、ぎっしり詰まって、かつ美しい冷蔵庫収納を保つのは、ふつうの人には困難です。ふつうはまず、冷蔵庫に入れたことでついつい安心してしまい、入れっぱなしになってしまうのが関の山。できるなら、冷蔵庫はなるべくスカスカな状態にしておくほうが安全です。そのためには、

- 特売だからといって、必要以上に買いすぎない。
- 冷蔵庫を過信せず、こまめに食品をチェックする。
- 残り物や常備菜も早めに食べ切り、残り物を出さないよう、料理は少なめにつくる。
- 食品の保存には透明な容器を使い、手前だけに収納し、奥にはなるべく置かない。

といった工夫が必要になります。

冷蔵庫の中身がきちんと管理できているということは、食生活と家計をきちんと管理できているということです。それはほぼイコール、家庭の幸せを意味します。スカスカで掃除しやすい冷蔵庫で、幸せな家庭を目指しましょう！

まとめ

冷蔵庫でものを腐らせない人は、幸せな家庭をちゃんと築ける人！

4-10

SIMPLE LIFE

冷凍食品をお休みして、乾物料理をつくろう

最近の冷凍食品のバリエーションには、目を見張るものがあります。味だって見た目だって、そう悪くない。電子レンジのボタンひとつでディナーができる、便利な世の中になったものです。凍ったままお弁当に入れておくだけで、昼には食べ頃になっているおかずもありますね。

でもやっぱり、これだけに頼るのは、人としてちょっと不安なのも事実。

そこで、便利な冷凍食品を使うのはちょっとお休みして、昔ながらの「乾物」を使いこなすお稽古《けいこ》をしてみませんか。そう、切り干し大根や乾燥わかめ、乾燥ひじきや干しえび、干ししいたけにかつおぶし……といった乾燥食品です。これらは、冷蔵庫も電子レンジも、広域の流通網もなかった昔から、「長期保存ができて栄養価が高く、うまみが凝縮していてかさばらない」という、冷凍食品ばりの便利さで、わたしたち日本人に愛されてきました。

この乾物を食べることで、伝統的かつヘルシーな和食のよさを再発見できます。また、最近注目を集めているマクロビオティック料理の要素も、乾物はたくさん備えているのです。

乾物の使える女、カッコいいですよ！

とはいえ、あまりなじみのない乾物を、どう使えばいいのかわからない……という人も多いでしょう。そういう人は、手はじめに、まず何でも「戻してドレッシングでアえてサラダにしてみる」「戻してラーメンやうどんの具にしてみる」のがおすすめ。「ゴワゴワして食べにくいのでは？」と心配だったら、戻す前にハサミで小さめに切り刻むといいですよ。

《わたしのおすすめレシピ》

- 水に一晩つけた大豆をゆでて、戻したひじきと缶詰のコーン、きゅうりをドレッシングであえたサラダ……たんぱく質とミネラル豊富でローカロリー！
- 水で戻したお麩を、だしと薄口しょうゆでのばした溶き卵にひたして、斜め切りにしたねぎと一緒にごま油でジュッと焼く……ごはんのおかずに。
- 水で戻した干ししいたけを刻み、同じく戻した干しえびときくらげ(刻む)、たまねぎ、にんじんと炒め、戻したビーフンと合わせる焼きビーフン……買い物に行かずにすむ。

乾物でおすすめは、海藻と豆！　ミネラルとたんぱく質を常温で保存できる、すばらしい食品です。水で戻すのも、一晩ほったらかしておけばいいところが、ズボラさん向きです。

＊参考資料　『もっと使える　乾物の本』（奥薗壽子、農文協）、『土を喰う日々』（水上勉、新潮文庫）

まとめ　**栄養価の高い乾物をちょこっと使うことで、ていねいな食生活をゲット！**

4-11 「買わない日」をつくる

SIMPLE LIFE

わたしたちは毎日、何かしら買い物をしています。何も買わずに終わる日は滅多になく、たまにそういう日があると驚くほどです。

そんな日常のなかで、たまには意識して「買い物はしない」ことを実践してみると、ふだん気づかなかったいろいろなことがわかってくるはずです。

食べ物だって着るものだって、昔はみんな、自分でつくっていたあらゆるものが、お店で買える便利な時代ですから、今は、「暮らすこと＝買うこと」になってしまっている面があります。

食事は外食か中食《なかしょく》（コンビニ食、弁当など）、つまり買うもので、洋服が破れたら、繕《つくろ》うよりも買い替える。自分でつくったり繕ったりするよりも、買うほうがはるかに簡単です。お茶1杯にしても、そうです。今の若い人の多くは、お茶を茶葉から淹《い》れるという習慣がありません。自宅でさえも、お茶はペットボトルのものを飲んでいる。それがお茶だと思っている。

しかし、便利だからといって何でもかんでも買っていると、わたしたちのなかに「暮らす力」がなくなってしまうのではないでしょうか。暮らす力がない人間にとって、頼りはお金だけです。お金があればいいけれど、少なかったり、なかったりしたら、その人はもう生きていくことができなくなってしまいます。

ここで、「買わない」ことを実行すると、今までお金を払ってすませてきたさまざまなことを、自分でやらなければならなくなります。

ミネラルウォーターを買わずに、湯冷ましをつくっておく。お茶は自分で淹れ、おにぎりはごはんを炊いてつくる。スナック菓子の代わりに、自分でじゃがいもを油で揚げ、ウェットティッシュを買う代わりに、おしぼりを工夫して持っていく。

どれも、大した手間のかかることではないのに、少しの時間を惜しんで、買ってすませていたものばかり。ひとつひとつは小さな額ですが、積もり積もるとけっこうな金額になるでしょう。

「買わない」ことで、自分のなかに眠っていた力と、お金がなくても切り抜けるためのクリエイティビティが目を覚まします。もちろん、お金も貯まります。

月に一度でいいのです。「買わない」ことを試してみませんか。

まとめ

（買わないことで、自分のなかに眠っていた「生活力」が目を覚ます。）

4-12

SIMPLE LIFE

磨いてみる、繕ってみる

一歩外に出れば、素敵なもの、欲しいものがいっぱい。あれもこれも欲しくなってしまいます。でも、それをいちいち買ってはいられませんね。

欲しいものがあって、でも予算が足りなかったときは、買う前に、今持っているものをよく磨く、あるいは繕《つくろ》ってみましょう。

たとえば、新しい鍋が欲しいとき。

新製品のその鍋は、いい素材を使っていて料理がおいしくできると評判で、デザインもいいのです。でも、かなり高い。

そんなときは、古い手持ちの鍋を、顔が映るまでピカピカに磨いて使います。磨けば、

それなりに素敵に見えるようになります。「新しいものを買うまで」と、ぞんざいに扱っていたときとは、気分が変わります。そうすると、新しいものが買えるようになるまで、気分よく使い続けられます。

洋服もそう。新しいスカートが欲しくなっても、今シーズンは買えないなら、クロゼットをよく点検して、今あるスカートのうちスソがほつれているものがないか、リメイクできるものがないか、調べます。

ちょっとした傷みのために着ていなかったものがあったとしたら、即補修して、戦力に。また、手持ちの全トップスと組み合わせてみて、新しいコーディネートができないか考えてみます。すると、今までとは違う着こなし方ができることに気づいたりします。

次から次へと買うことではなくて、今あるものともっと向き合い、それによって暮らしを豊かにすること、持っているものを最大限に使い切る工夫をすること。

ていねいに暮らすことって、もしかしたらそういうことではないでしょうか。

まとめ

（今あるものをもっと活用することで、ものと向き合った豊かな暮らしがはじまる。）

4-13

トレイ、箸置き、コースターが食生活をグレードアップ

SIMPLE LIFE

一食一食、ていねいにつくりたい……と思ってはいても、時間がない、レパートリーも少ない、きちんとつくっている余裕がない。かくして今日も、いつもと変わりばえのしない手抜きメニュー……。

そんな自分にうんざりしてしまったときは、食卓に、トレイ1枚、ランチョンマット1枚を登場させましょう。ふたり暮らしなら、ふたり分。

食器の下に、自分で選んだ素敵なトレイやランチョンマットを敷く。それだけで、いつもの食事が、ちょっとだけ「ご馳走」に見えてきます。そこに、日替わりで選ぶいろいろなデザインの箸置きを添えると、食卓はいっそう華やかに。

ランチョンマットは、手持ちのバンダナや布巾、手ぬぐいなどでつくることもできます。リネン素材を選べば汚れ落ちもよく、快適に使えます。箸置きは、拾ってきた貝殻やシーグラス、ワインのコルクなどを使ってもいいですし、きれいな石にペイントしたもの、自分で紙粘土などを使ってつくってもいいでしょう。

コーヒーやお茶を飲むときは、ぜひコースターを。これも、古いハンカチを刺し子にした

り、フェルトを貼り合わせただけでもつくれます。

こんなふうに、食事やお茶のとき、「何かの下に何かを敷く」ことには、どういうワケかわたしたちをゆったりさせる作用があります。ちょっぴり手間がかかることではあるのですが、「敷く」ことによって、確実に動作がゆっくり、優雅になり、そのぶん気持ちもセカセカしなくなるのです。

それはたぶん、「食べる」という生物的、本能的な行為を、「敷く」というワンクッションを置くことによって、「ただのエネルギー摂取の行為」から、もっと人間的な、大切な時間に進化させてくれるからではないでしょうか。

食べられればそれでいい、という食事から、味わって、楽しんでいただく食事へ。この頃余裕がないな……と思ったら、ぜひ、この「何かを敷く」ことを試してみてください。

まとめ **食器の下に何か敷くことで、食事がおいしく味わえて、食事の時間が楽しくなる。**

何かひとつだけでも、保存食をつくる

昭和中期以前なら、漬け物や梅干しくらいは自宅でつくったものでした。

わたしが子どもの頃から食べてきたのは、実家の庭に植えられた梅の実で、実家の母が漬けた梅干し。お弁当には必ず入っていたし、実家を離れてひとり暮らしするようになっても、いつも大量に持たされて、毎日のように食べてきました。

売っている梅のように大粒でも、きれいでもなかったので、大してありがたいとも思っていなかったその梅干しが、じつはお取り寄せ級に価値があることを知ったのは、その梅干しを切らして、スーパーで売っているものを買ったときでした。

とにかく、びっくりするほどまずいのです。驚いて容器の裏を見たら、何行にもわたる添加物の表示が……。母の梅干しには、塩と赤じそしか入っていないのに？

あとで知ったのは、スーパーで売られているような安価な梅干しは、大半が国外でつくられていること。漬けたり干したりする手間を省き、短時間でつくるため、大量の薬品が使われていること。逆に国内産の無添加の梅干しは、これまたびっくりするほど高価でした。

それからです、わたしが食品の添加物や産地を気にかけるようになったのは。

家庭でつくった保存食は、お取り寄せほど手間ひまかけた高級品というワケにはいきませんが、少なくとも、安全な素材を使った「本物」です。

「安ければいい」

「見た目がきれいならいい」

という風潮に染まって、見た目だけその姿をした「にせもの」が横行している今、「本物」をひとつでも知っておくことは、危険を遠ざけ、健康を守る基礎となるでしょう。

漬け物でもジャムでも調味料でもいい、何かひとつ「わが家の味」と呼べる保存食を持っていることは、人の心の深いところに碇《いかり》を下ろし、安定させるような力をもつのではないでしょうか。それは、暮らしにとっていちばん大切な「食」に、1本の太い柱を立てるようなものだと思うのです。

格別に料理上手でなくても、本格的なつくり方でなくてもいいのです。できれば、お母さんやおばあちゃん、近所の人など、自分の知っている年上の人に教えを乞うてみてはどうでしょうか。「本物」の記憶を、あなたが受け継ぐことは、教えてくれる人にとっても、きっとうれしいことだと思います。

まとめ
保存食をつくることは健康を守る基礎であり、食生活を安定させる力がある。

第5章

自分らしく暮らしを楽しむヒント

「忙しい」といわないと、忙しくなくなる

何ごともスピードと効率重視の今の世の中、誰もが忙しがっています。もたもたしている人はチッと舌打ちされ、苦々しい視線を向けられてしまいます。でも、そんな世の中、息苦しくてせせこましいとは思いませんか？

わたしも以前は、四六時中、

「忙しい、忙しい」

といっていました。そして、実際自分はとても忙しいのだと思っていました。仕事に家事、子どもが生まれれば育児、いろいろな事務手続きも、親戚づき合いもみんなわたしの仕事。どうしてわたしばっかりやらなくちゃいけないの！　とイライラしていました。

でも、今思えば、そうやって忙しがることで自分を重要な存在に見せかけ、自分を哀れに思い、そうすることでいっそう自分を忙しくしていたように思います。

本当は、忙しがるほど重要なことなんて、大してないのです。わたしはそんなに重要人物なんかじゃないし、わたしがやっている仕事なんて、ほかの人でもできることです。年をとるにしたがって、それがわかってきました。

同時に、わたしを本当に必要としている人、わたしにしかできないこと、そういうものに対しては、決して「忙しい」といってはいけないんだ、ということもわかってきたのです。

最初は、「忙しい」といわないでいることは、ある意味やせ我慢でした。

しかし、やせ我慢も、繰り返せば習慣になります。というより、最初から我慢するほど、大して忙しくはなかったのです。

「忙しい」を極力いわなくなった今では、どういうワケか、「忙しい」を連発し、眉間《みけん》にシワを寄せていた頃よりも、ずっとたくさんの量の仕事をこなせるようになりました。また、片づけや掃除も、その頃思っていた、

「わたしばっかりやらされる、ムダな仕事」

から、

「かけがえのない暮らしを整える、大切な作業」

に変わってきたのを感じます。

忙しい毎日であるのは本当かもしれません。でも、試しに、「忙しい」というのをやめてみませんか。あなたのなかの、何かが変わるかもしれません。

まとめ

「忙しい」ということばが、いっそう自分をあおっていることに気づこう。

5-02

手帳を使おう、朝いちばんに見よう

SIMPLE LIFE

ひとり暮らしの会社員、家族をもつ主婦、それぞれ抱える仕事は違っても、「仕事も、プライベートも充実させたい」という希望に変わりはないでしょう。そのために、手帳を活用するのは、たいへん賢いやり方だと思います。年末になると、多くの人が手帳売り場に繰り出して、さまざまな仕様の手帳をためつすがめつする姿が見られます。

しかし、手帳を上手に使いこなしている人って、案外少ないようです。手帳を手に入れたときには、

「来年の抱負！」

などと、意気込んでいろいろ書き込んでいくのですが、1月、2月……忙しくなっていくにつれ、手帳の記入は飛び飛びになり、しだいに、単なる月間スケジュール表としてしか機能しなくなっていきます。何だか、もったいないですね。

手帳を使いこなし、手帳を自分の暮らしと人生の指針とするには、何よりも、手帳と仲よくなることが大切です。

そのためにいちばんいいのはまず、内容をあれこれ工夫することよりも、「朝いちばんに、必ず手帳を見る」習慣を身につけること。会社員であれば、通勤電車を待つあいだとか、主婦であれば（主婦にこそ手帳は必要です！）、家族を送り出したあととか。

朝いちばんに手帳を見て、そこに書いてある「今日の予定」を、もう一度詳細に確認していきます。どこに行くか、その次にどこに行くか、途中でついでにできる用事はないか、必要な持ち物は何か、など。それにしたがって行動すれば、忘れ物や二度手間がないよう段取りできます。いちばん大切なのは、「今日1日やること」をできるだけ確実にこなすことなのです。

手帳と仲よくなるためにも、自分の手帳はうんと自分らしくカスタマイズしたいですね。お気に入りの布でカバーをかけたり、きれいな色のゴムでとめたり、お気に入りの写真や、気になる情報の切り抜きをはさんだり。

大好きなものでいっぱい詰まった手帳になってきたら、あなたの暮らしは充実していくでしょう。ぜひ、手帳と仲よくなってくださいね。

まとめ
（手帳の使い方をあれこれ工夫するよりも、まず朝いちばんに見ることで暮らしは充実する。）

5-03 うわさ話につき合わない術

女性に限りませんが、他人のうわさ話が大好きという人は少なからずいます。多くは悪気のない、他愛のないものなのですが、困るのは、こういう話題が好きな人というのは、あまり相手の表情を読み取る能力がないのか、人の時間をムダに奪っていることにまったく気づかないことなのです。

うわさ話も佳境に入ると、しだいに他人のプライバシーを穿《ほじく》り出すような、ダークな雰囲気になってきます。そんなうわさ話をしている人たちは得てして、首をすくめて姿勢が悪く、上目づかいで腕を組んでいるので、遠目にもよくわかります。ときとして陰惨な雰囲気さえ漂わす、そんなグループにいつまでもいることは、人生において損失以外の何物でもありません。

うわさ話にまったく加わらないことも不可能でしょうが、あくまでライトな話題だけにとどめたいもの。聞いていてうんざりしてしまうようなうわさ話をはじめる人は、たいてい決まっています。そういう人に捕まる前に、逃げ出す工夫を考えておきましょう。

話題がうわさ話にふれてきたら、さりげなく腕時計を見て、

「あっ、そろそろ子ども（母、姑、姉妹、宅配便の人など誰でもいい）が帰ってくるのよ！　ごめんね、また今度ね〜」

「そうだ、布団干してきちゃったんだ。もう取り込まないと湿っちゃうわよね。じゃあね！」

など、見え見えでもいいので、一刻も早くその場を離れることです。

なかには、そんなあなたが気に入らず、陰で難癖をつける人もいるかもしれませんが、しかし、そんな人に嫌われても、気にしないことです。

ただし、笑顔であいさつするなど、最低限の大人な態度も大切です。

つまらない時間泥棒からは、堂々と逃げ出す知恵を身につけましょう。

まとめ

うわさ話は、人生の時間を盗む。聞きたくもない話につき合うほど、人生は長くない。

5-04

SIMPLE LIFE

自然のなかにもっと入っていこう

長引く経済の停滞のなか、残業の減少、早期退職の奨励、今は日本人がはじめて経験する「ひまはあるけどお金がない」時代なのだそうです。

今まで、「余暇活動（レジャー）」といえば、「お金を使うこと」でした。買い物に旅行、テーマパーク、グルメ、どれも「買う」ものでした。少ない休みにたくさんのお金をかけてどこかに出かけることが「遊ぶこと」だったのです。

でも、もうそんな遊び方はムリ。たっぷりある時間を、できるだけお金をかけずに過ごさなければなりません。そんなとき、何をすればいいか。

答えは、自然のなかにあります。なぜなら、自然はタダだから。

サーフィンを楽しむための海に、お金はかかりません（サーフボードは必要ですが）。バードウォッチングを楽しむための森に、お金はかかりません（双眼鏡は欲しいかもしれませんが）。

ただ眺めるだけなら、道具さえもいりません。そして眺めるだけだって楽しいのです。

自然に興味がない人は、豊かな自然を目の前にして、「こんなところ、何もないじゃない！」などといいます。何もなくはありません！　雲があり、木があり、草があり、鳥がいて、虫がいて、そのそれぞれに名前があり、個性があるのです。

本格的なアウトドアなどでなくても、近くの雑木林に図鑑を持っていって、その植生を調べることでもいいですし、海辺でピクニックすることでもいい。身近な自然に入っていって、そこで楽しく過ごせるかどうか試してみましょう。自然を楽しめる人であるかどうかは、お金がなくても幸せになれるかどうかの分かれ目なのだと思います。

まとめ

（自然のなかで楽しく過ごせる人は、お金がなくても幸せになれる。）

5-05

何かひとつ、緑を育ててみる

SIMPLE LIFE

「ガーデニング」というと敷居が高いけれど、たった一鉢の緑があるだけでも、暮らしに潤いが生まれるものです。たとえマンションのベランダでも、一鉢だけなら、そんなにタイヘンではありません。

花もいいけれど、咲き終わるとさびしくなってしまうし、観葉植物ではつまらない、という人におすすめなのがハーブ。それも、ミントやローズマリー、バジルなどの丈夫なものがいいでしょう。

ハーブのいいところは、まず香りをかいで、緑を眺めて、さらに葉を食べるという、３段階で楽しめるところです。

ミントなら、爽やかな香りの葉をお菓子の飾りや香りづけ、生春巻きなどのエスニック料理に使ったり、ローズマリーならポテトやチキンに、バジルならトマト料理にと、使いこなす楽しみがあります。

水やりは面倒に思えますが、たった一鉢なら、コップの水をかけるだけですみますし、朝いちばんの決まった時間にベランダに出て、太陽の光を浴びることで、脳内物質セロトニンが分泌され、それが自律神経の働きを整えてくれます。

映画『シティ・オブ・ジョイ』（ローランド・ジョフェ監督、1992年）では、大都市カルカッタに流入してきた貧しい男ハザリが、未来への希望を込めて、スラムの片隅に花の種を蒔《ま》くシーンがあります。

「何かが育つところを見たい」。

日に日に育ち、変化していくものが暮らしのなかにあることは、昨日とは違う今日、かけがえのない1日を思うために、とても大切なものだと思います。

まとめ　たった一鉢でも、植物があるだけで、暮らしはいきいきと潤っていく。

ウォーキングのすすめ

何でもボタンひとつでできてしまう世の中、洗濯機は乾燥まで全自動、テレビもエアコンも操作にはリモコンを使い、パソコンのクリックひとつで買い物をしているわたしたち。まるで、からだを動かさないほど文化度が高いみたいです。そのくせ、高い会費を払ってスポーツジムに通い、1ミリも前には進まないウォーキングマシンに乗っていたりする。

そんな暮らしに何となく違和感を感じたら、からだを動かしてみましょう。といっても、とくにスポーツをしなくても大丈夫。おすすめは、「ただ歩くこと」です。

今どきは、誰もが「ただ歩く」ことを嫌います。どこかに行くなら、一刻も早く目的地に着くことが重要で、そのためにはぶらぶら歩くなんてムダなこと。移動の時間は短いほどいい、ということになっているようです。

でも、歩くことって、じつはいろいろな発見をさせてくれます。クルマでは見落としてしまうようなおもしろいものや、立ち止まってはじめて見えてくる美しいものが、歩くことではじめて見えてくることって、たくさんあるのです。

とくに、人とのコミュニケーションが生まれやすい点で、歩くことに勝るものはありません。散歩の途中であいさつをした人と、ふとしたきっかけで立ち話がはじまり、思いもかけないつき合いになることもあります。

また、歩くことは考えることと非常に相性がいいようで、部屋に閉じこもって鬱々《うつうつ》と考え込んでいるときは思いつかなかったようなひらめきが、歩いているときに浮かぶことはじつに多いものです。

これは、一定のリズムを刻む全身運動であるウォーキングが、脳内物質セロトニンの分泌をうながして新鮮な酸素を脳に送り込むこととも関係があるのかもしれません。

多くの医師が、下手なスポーツよりも、ただ歩くことがもつ健康上のメリットを説いています。歩くことは、単なる移動の方法でも無意味な作業でもなく、とてもクリエイティブで豊かな時間なのです。

何かに煮詰まったときは、その対象からしばし離れて、あてどなく歩いてみましょう。歩き疲れ、すっかりその対象を忘れた頃、突然、その解決の糸口が見つかるかもしれません。

それが、歩くことの最大の効用です。

まとめ　歩くことには、心を整理し、脳を活性化させる作用がある。

5-07

自分の町のガイドマップをつくろう

SIMPLE LIFE

自分の住む町って、知っているようで案外知らないことが多いものです。でも、今住んでいるところが、たとえ一時的な仮の住処《すみか》だったとしても、その町をよく知り、愛着をもつことは、必ず毎日を豊かなものにしてくれます。

自分の住んでいる町が、どんな町で、どこに何があるか。それをもう一度確認し、できれば誰かに教えてあげるためにいちばんいい方法は、ガイドマップをつくることです。

正確な地図ではなくても、メインストリートとその周辺だけをラフに書いた「白地図」を自分でつくったら、おおよその位置に、自分が好きな物件、人にすすめたい場所やものを書き込んでいきます。

「この町いちばんのおいしいカフェやケーキ屋さん」には、電話番号と営業時間、おすすめのアイテムとその値段を。

「よくネコが集会している路地」には、ボスと見られるネコの毛並みや色柄、特徴を。

「6月に紫陽花がいっぱい咲く公園」
「やたら赤信号の長い踏み切り」……
住んでいるあなたにしかわからない、とってお
きの情報満載のガイドマップです。

完成したら、ご近所の友だちに配って、反響
と情報提供をもとに、さらに充実した次期バー
ジョンをつくってもいいですし、自宅に遊びに
くる友だちにFAXしてあげても喜ばれるで
しょう。

情報は、発信することで、さらに多くの情報
が集まるもの。みんなと情報交換をし合って、
楽しいガイドマップをつくってみましょう。

まとめ

自分の町のガイドマップをつくることで、人とのコミュニケーションが楽しくなる。

ため込んだ写真でスクラップブッキング

デジタルカメラ全盛の今、写真を撮る機会と撮影点数は増えましたが、撮ったまま、プリントせずにパソコンに入れたままになっている写真が多くなりました。写真はプリントしないと、見る機会をなくしてしまいがちです。

それと同時に、フィルムカメラ時代の紙焼き写真が未整理で、現像から戻ってきた袋に入れたままになっているのを、後ろめたい思いでいる人もまた、多いのではないでしょうか。

これらの写真を整理しがてら、スクラップブッキングを楽しんでみませんか。

スクラップブッキングとは、アメリカで生まれたクラフトで、趣向をこらしたレイアウトで写真を美しく保存するというもの。ふつうの紙焼き写真をトリミングしたり、カラフルなステッカーやテープを貼って飾ったり、飾り文字を書き込んだりして、とても華やかで楽しいマイ写真集がつくれます。最近では、スクラップブッキングの専門書や、専門のショップもあるほどです。

そこまで本格的でなくても、写真の要所要所を切り抜いたものを組み合わせて、1枚のイラストのように並べて再構成したり、マンガのようにセリフやコメントを書き込んでいくだけでも、十分おもしろいアルバムになります。

　たとえば、旅行の写真は多いときはアルバム数冊分にもなることもありますが、それらは分類するといくつかの場面に集約されるものです。「出発」「電車のなか」「食事」「植物園」「温泉」など、場面別に集めた写真を必要な箇所だけ切り抜いて、1枚の絵として再構成すれば、大量の写真を圧縮できると同時に、楽しかった時間をリアルに再現することができます。

　作業は、朝寝坊してしまった休日、雨降りで出かけたくない日、何となく手持ち無沙汰な日にピッタリ。ふだんは忙しくてできない「思い出の再編集」に挑戦してみましょう。

まとめ　**手持ち無沙汰な日こそ、スクラップブッキング日和。**

5-09 SIMPLE LIFE

場所を変えて朝ごはんを食べてみる

仕事は忙しい、友だちと休みが合わない、出かける予定も立たない、ボーナスは期待はずれで大きな買い物もできない。そんな日々が続くと、息が詰まりそうになりますね。

でも、どこかに出かけたり何かを買ったりしなくても、暮らしに変化をつけることって、案外簡単にできるものです。それには、

「何かちょっとだけ、いつもと違うことをしてみる」

ことがいいみたい。

たとえば、いつも同じ席、同じ方向を向いて朝ごはんを食べているなら、その場所を変えてみます。テーブルを窓際に寄せて、外の景色を眺めながら食べたり。いつもテーブルに向かって座っているなら、トレイをイスにのせて、床にクッションを敷いて座ってみたり。あるいは、ベランダに持ち出したスーツケースにクロスをかけて、テーブルにしてみたり。

こんな簡単なことをちょっと変えただけでも、いつもの朝ごはんが全然別のもののように感じられるはずです。気分が変わって、食欲も刺激されるかもしれませんね。

朝ごはんだけではありません。眠る場所を変えてみてもいいですし、お風呂につかってお

茶を飲んでみてもいい。いつもとは違う場所で、いつもと同じことをする、それが退屈な日常に新鮮な気分をもたらすのです。

仕事や勉強、人間関係に煮詰まってきたら、試してみましょう。手間がかからないわりに効果は大きいんですよ。

まとめ

退屈な日常にうんざりしたら、ちょっとだけ視点をずらして行動してみよう。

5-10 知らない人と話してみる

SIMPLE LIFE

マンションやアパートの共同玄関で、ほかの住人に会っても会釈程度。住んでいる町に知り合いはひとりもいない。スーパーやコンビニでは、ひと言も口をきかずに買い物ができてしまう……。

人間関係が希薄な時代ですから、ひとり暮らしだったたり、元からの住人でなかったりすれば、そんな生活も今はめずらしくありません。でも、そんな暮らしを続けていると、だんだん心がかたくなり、さびついてきます。すると、ちょっとした他人のことばに過剰に傷ついたり、気軽に人に声をかけられなくなってしまう。何だか生きづらいですね。

心をやわらかくしておくために大切なのは「会話」。もっと人と話しましょう。それも、できるだけ「知らない人」と。それは、コミュニケーションのレッスンです。

もちろん、知らない人にいきなりペラペラ話しかけるというのではありません。

レッスン1　「あいさつ＋α」

「こんにちは！　暑いですね（寒い、いい天気、よく降る）」

顔は知っているけれど、話したことのない人へのあいさつとして。

あいさつだけでも十分なのですが、何かひと言添えることで、親しみが増します。

レッスン2 「ありがとう＋α」

「ありがとうございます。重かったから、助かりました」

荷物が多いとき、ドアをおさえておいてくれた人に。

「ごちそうさま。サラダがとてもおいしかったです」

レストランで、支払いをするときに。

このように具体的な表現を添えると、心からの感謝がより深く伝わります。

このとき、ムリに会話を広げたり、関係をつくろうとしないことです。もちろん、広がれば広がったでいいのですが、こんな何気ない場面では、ただその場限りの会話を楽しみ、ほほえみを交わし合うことが大切なのです。会話によって何かを得ようなどと思わないこと。相手からの反応も期待しないでいいのです。

もう二度と会わないかもしれない人であっても、ひと言ことばを交わし、笑顔を向ける相手ができれば、そのぶん、人生はちょっぴり豊かになります。

まとめ
知らない人ともことばを交わし、笑顔を向けることで、心がなごむ。

5-11

SIMPLE LIFE

わが家のレシピブックをつくろう

女性雑誌を見れば、毎回たくさんの料理レシピが掲載されていますし、手を替え品を替え、さまざまなレシピ本が出版されています。インターネットで手に入るレシピもたくさんあります。

「おいしそう！　今度つくってみようかな」

そういっては、レシピを切り抜いたりプリントアウトして大量にファイルしているのに、いっこうに料理をつくらない人は多いものです。何より、かつてのわたしがそのひとりでした。レシピ本がずらりと本棚に並び、いつかつくるつもりのレシピがたまって、ファイルからあふれ出した頃になって、ようやく次のことに気がつきました。

「こんなにたくさんのレシピ、毎日つくったって、何年もかかる！」

ということ、そして、

「どんなにおいしいレシピでも、自分の食生活に合わなければ、結局つくらない」

ということにも。

数年がかりでためた（だけの）レシピのほとんどを捨てたわたしは、

「目新しいレシピに心ひかれたら、冷蔵庫に貼っておいて1週間以内につくる。それ以上たってもつくらなかったら捨てる。一度に1枚以上貼らない」ということを決めました。手持ちのレシピ本も、数冊を残して処分してしまいました。残したのは、よく参考にしてつくっている料理家の本だけ。

たかが料理といえど、レシピはそれをつくった人の食生活、つまりはその人の育った風土や育った家の文化、もっといえば思想が凝縮されたものです。ですから、雑多なレシピをいくら集めても、自分のものとはなりにくい。たくさんの人の思想を、自分の生活に取り込むのは、ムリがあるからです。

その後、わたしは今までつくってきたもののなかで「これが自分の料理」といえるものを、詳しい分量などは省いて、おおざっぱなつくり方だけノートに書き出し、自分のレシピブックをつくりました。すると、自分の味とつくり方の傾向が見えてきます。それ以降は、その傾向に合うものを選んで、レシピ探しをするようにしています。

何も見ずにつくれて、季節に合って、自分と家族が喜ぶ料理。たくさんのレパートリーはなくても、それだけつくれれば十分なのではないでしょうか。

まとめ

（やたらにレシピを集めるより、本当につくりたいものだけのレシピブックをつくってみよう。）

寝る前に必ずやる日課をつくろう

仕事でもプライベートでも、やらなければならないことが山ほどあって、でもいつも全部は終わらなくて、不完全燃焼感ばかりが残る。自分なりに一生懸命やっているのに、

「わたしってダメ……」

と自分を責めていませんか？　もしそうなら、

「毎晩必ずやる、小さな日課」

をつくってみてください。継続できれば、焦りの気持ちは、必ずおさまってきます。

わたしも若い頃、そんな焦りと自己嫌悪の毎日を過ごしていました。しかしあるときから
「毎日、子ども向けの英語の読み物を3分の1ページだけ和訳する」

「腹筋50回」

という日課を自分に課すようになりました。

何ごとも続かないわたしでしたが、どちらも大して時間がかかることではありませんでしたから、意外に毎日続けることができ、けっこう長続きしました。腹筋を続けてやっていたら少しやせました。英語のほうは、別に目的があったワケではありませんでしたが、その後

海外取材の仕事がまわってきたときには、少しは役に立ったかもしれません。

毎晩、この2つを終わらせると、

「今日もいろいろできずに終わったけど、この2つだけはできたな……」

という、ささやかな満足感とともに眠りにつくことができました。これらの日課は、その成果よりも、継続することそのものに意味があったのだと思います。

ごく小さなチャレンジであっても、継続することで、自分のなかに小さな自信が生まれます。すると、それまで他人に対して感じていた劣等感や、理想とほど遠い自分へのいらだちなど、一時の頑張りでは振り払えない感情が、しだいに薄れていくのがわかりました。

こうした日課は、心のなかでメトロノームのような働きをして、暮らしに一定のリズムをつくってくれます。正確な伴奏にのって、心地よく演奏ができるように、リズムのある暮らしだと、生きていくことがラクになるのです。

継続することが目的なので、課題はごく小さなものでいいでしょう。1日1ページ、古典を読むとか、5分間だけヨガをやるとか。

——暮らしのリズムをつくるために、ひとつか2つ、まずはゆっくりとはじめましょう。

まとめ

（毎晩寝る前にやる小さな日課があると、暮らしにリズムができ、生きていくのがラクになる。）

5-13

早起きして海に行ってみよう

SIMPLE LIFE

平日は忙しくて睡眠不足のためか、土日は朝寝坊して昼近くまで寝ている人が多いようですが、それはあまりにもったいない！　土日こそ、1週間のうちのいつよりも早く起きて、2日間めいっぱい遊び倒すべきだと思います。

わたしたちの感じている「疲れ」とは、人間関係や仕事のトラブルなどからくる、多くは精神的なもの。心の疲れは、からだを休めることではとれません。からだはむしろ慢性的に運動不足なのです。心の疲れをとるには、気分転換に出かけてからだを動かしたほうがいいのです。だから、週末は楽しいことを計画して、うんと早起きしましょう。

早起きすると、意外に遠くまで遊びに行くことができます。都心なら、5時台に起き、6時台の電車に乗れば、8時台には海にだって着きます。

朝日に輝く海を眺めたり、サーフィンする人を鑑賞したり、歩きながらヤドカリやカニを探したり、ビーチコーミング（漂流物を集めること）をしたり、潮風の香りをかぎながら、海をめいっぱい楽しみます。昼どきには、調べておいた漁協近くの食堂や、海岸通りのレストランでランチを楽しみ、その後に散歩しながら貝殻を拾ったりしても、まだ明るいうちに自宅に帰れます。

昼近くに起き出してノロノロ準備していたら、出かけることができるのは、もう午後。これでは、せいぜい駅前のショッピングモールくらいにしか行けません。早起きすると、1日が何倍にも有効活用できるのです。

早起きをさらに前倒しすれば、金曜の夜中に高速バスに乗って、遠くの町に朝到着することだってできます。その夜の高速バスで帰宅すれば、日曜日は1日ゆっくりできます。

ヘンにからだをいたわるより、仕事を忘れて思い切り遊んだほうが、ストレス発散できて、平日への切り替えもスムーズ。ぜひ、土日は早起きして、思い切り遊ぶべきです。

まとめ　週末こそ早起きして、めいっぱい遊んだほうが、疲れがとれて元気になれる。

ブログを本にしてみよう

あなたは本を書いてみたくはありませんか?
「人は、一生に1冊は本が書ける」
といいます。その代表といえば、自分史ですね。

最近、インターネットでブログを公開している人が増えています。有名人ばかりでなく、一般の人も、多くは友人や趣味の仲間との情報交換や近況報告を兼ねて、日常のいろいろなできごとを記録した日記のようです。

きれいな写真も掲載され、情報が豊富な人気ブログのなかには、そこから出版に発展するものも少なくありません。ウェブ上の記録が紙媒体になることで、保存性がよくなり、好きなときに何度でも読めるので、とてもいいことだと思います。

そして、そこまでいかなくても、本にすることを自前でやることは、十分可能です。

もし今、あなたがパソコンでブログを書いているなら、一定量のテキストがたまったところでコピーして日付順に並べ、自分好みにレイアウトしてプリントアウトします。

ケータイで書いているなら、パソコンに転送して同じ手順を踏むことになります。ただ、転送のたびに料金がかかるので、データを直接パソコンで一括して読み取るソフトなどを使うといいかもしれません。

テキストの合間に適宜写真を入れたり、デザインをほどこしたり、簡単にできる市販の製本グッズで製本してタイトルを入れ、カバーをつけてもいいでしょう。本の体裁になれば、超ローコストな自費出版の完成です。

この自前のブログ本は、それだけであなたの「自分史」の一部です。あなたの人生の数カ月分、数年分が、1冊の本になったものです。

必ずしも人に読んでもらう必要はないかもしれません。毎日、砂のように手のひらからこぼれていく「時間」を、充実したたしかなものに感じたくなったとき、あるいは悩めるときなどに開いてみるといいかもしれません。

まとめ

充実した日々を実感したかったら、ブログを本にしてみよう。

おわりに——自分にとって心地いい暮らしをつくる

「スッキリ落ち着いた暮らし」って、どんなものでしょう。

それって、「自分仕様にカスタマイズされた暮らし」のことじゃないかな？　と思うのです。

洋服でもジュエリーでも、どんなに高級ブランドの豪華な品だって、自分の好みや雰囲気、サイズに合わなければ、ちっとも素敵に見えませんし、持っていても楽しくありません。

でも、たとえ何の変哲もない質素なデザインでも、それがすべて自分に合わせてつくられているなら、それは自分にとって最高の洋服であり、ジュエリーなのです。それを実現してくれるカスタムメイド（オーダーメイド）って、最高の贅沢じゃありませんか？

暮らしも、きっと同じこと。

他人の素敵な暮らしに憧れて、いろいろ真似をしてみても、なぜか続かなかったり、何だか窮屈《きゅうくつ》になってしまったりするのは、型の合わない既製服にムリやりからだを入れようとしているようなものです。

他人にとっては不要なものでも、あなたには大切なものかもしれませんし、誰もがやっていることでも、あなたには無意味なことでしかないのかもしれません。それを、ウエストを少し詰めて、丈を出して、エリの形を変えて……。

「スッキリした暮らし」って、何もないことではなくて、「余計なものが何もない」ことなのです。「落ち着いた暮らし」は、単なる地味な生活ではなくて、「自分が落ち着けるリズム」のことなのです。

そんな暮らしを、1本の木から削り出す彫刻のように、ひとつずつ、少しずつ、つくり上げていきましょう。ちょっぴり時間はかかるけれど、それはきっと、とても楽しい作業になるはずです。

今も楽しい、10年後も楽しい。

そんな暮らしを目指していきましょう！

金子由紀子

1965年生まれ。出版社勤務を経て現在はフリーランス。
ひとり暮らしの時期にシンプルライフに目覚め、
二児の母であり、主婦である現在もそれをムリなく実践。
総合情報サイト All About「シンプルライフ」のガイドとしても活躍中。
『毎日をちょっぴりていねいに暮らす43のヒント』（すばる舎）、
『持たない暮らし』（アスペクト）をはじめ、ロングセラーの著書が多数。
最新刊は『買わない習慣』（アスペクト）。

All About「シンプルライフ」
http://allabout.co.jp/family/simplelife/

装丁・本文デザイン……………………松原 卓（ドットテトラ）
イラストレーション ………………………………ひらいみも
編集協力………………………………………増渕正子（オメガ社）
編　　集 ………………徳永皆子（世界文化社 実用編集部）

ひとつずつ、少しずつ変えていく
スッキリ落ちついた暮らし 68のヒント

発行日　2009年 9 月15日　初版第1刷発行
　　　　2009年11月10日　　　第3刷発行

著　者　金子由紀子
発行者　加治 陽
発　行　株式会社 世界文化社
　　　　〒102-8187　東京都千代田区九段北4-2-29
　　　　　　　　　　電話 03-3262-6489（編集部）
　　　　　　　　　　電話 03-3262-5115（販売本部）
印刷・製本　中央精版印刷株式会社

ISBN978-4-418-09504-9

本書の内容に関するお問い合わせ・ご意見は、
（株）世界文化社　実用編集部
〒102-8187　東京都千代田区九段北4-2-29
電話 03-3262-6489までお願いいたします。